Xiaotu Bide He Tade Pengyoumen

注音版

小兔彼得和他的朋友们 4

城市鼠詹尼的故事

Chengshishu Zhanni De Gushi

[英] 毕翠克丝·波特(Beatrix Potter) 著
曹剑 译

APGTIME 时代出版
时代出版传媒股份有限公司
安徽教育出版社

图书在版编目（CIP）数据

城市鼠詹尼的故事／（英）波特著；曹剑译．— 合肥：
安徽教育出版社，2011．4
（小兔彼得和他的朋友们：注音版；4）

ISBN 978－7－5336－6145－8

Ⅰ．①城… Ⅱ．①波… ②曹… Ⅲ．①汉语拼音—儿
童读物 Ⅳ．①H125．4

中国版本图书馆 CIP 数据核字（2011）第 062903 号

书　　名：小兔彼得和他的朋友们（注音版）④城市鼠詹尼的故事
作　　者：（英）毕翠克丝·波特　　　　译者：曹剑

出 版 人：朱智润　　选题策划：阿卡狄亚　　封面设计：阿卡狄亚·魏清清
　　　　　　　　　　责任编辑：周大勤　　特约编辑：李京

出版发行：时代出版传媒股份有限公司 http：//www. press－mart. com
安徽教育出版社 http：//www. ahep. com. cn
（合肥市繁华大道西路 398 号，邮编 230601）
营销部电话：（0551）3683010，3683011，3683015
印　　制：小森印刷（北京）有限公司　电话：（010）80215076
（如发现印装质量问题，影响阅读，请与印刷厂商联系调换）

开本：880mm×1230mm　1/32　　印张：4．75　　字数：37 千字
版次：2011 年 5 月第 1 版　2013 年 6 月第 5 次印刷
ISBN 978－7－5336－6145－8　　定价：18．00 元

目录

弗洛浦茜的小兔子的故事

1909

yǒu rén shuō wō jù chī tài duō le huì xiǎng shuì jiào wǒ chī
有人说，莴苣吃太多了会想睡觉。我吃
le wō jù kě cóng lái méi yǒu dǎ guò kē shuì dāng rán wǒ bìng bú
了莴苣可从来没有打过瞌睡。当然，我并不
shì yì zhī xiǎo tù zi
是一只小兔子。

bú guò duì yú fú luò pǔ xī jiā de xiǎo tù zi men lái
不过，对于弗洛浦茜家的小兔子们来
shuō wō jù dí què néng ràng tā men hěn kuài jiù shuì zháo
说，莴苣的确能让他们很快就睡着。

xiǎo tù zi běn jié míng zhǎng dà le tā hé biǎo mèi fú luò
小兔子本杰明长大了，他和表妹弗洛
pǔ xī jié le hūn tā men shēng le yí dà qún hái zi měi tiān dōu
浦茜结了婚。他们生了一大群孩子，每天都
guò de wú yōu wú lǜ fēi cháng kuài lè
过得无忧无虑，非常快乐。

wǒ kě jì bú zhù měi gè tù wá wa de míng zi tōng cháng
我可记不住每个兔娃娃的名字，通常
dà jiā dōu jiào tā men fú luò pǔ xī de xiǎo tù zi
大家都叫他们“弗洛浦茜的小兔子”。

yóu yú jiā lǐ de shí wù bìng bù zǒng shì gòu chī nà
由于家里的食物并不总是够吃——那

shí běn jié míng jiù huì xiàng fú luò pǔ xī de dì di qù jiè jǐ
时，本杰明就会向弗洛浦茜的弟弟去借几

kē juǎn xīn cài fú luò pǔ xī de dì di ne jiù shì xiǎo tù zi
棵卷心菜。弗洛浦茜的弟弟呢，就是小兔子

bǐ dé tā zì jǐ yǒu yí gè miáo pǔ
彼得，他自己有一个苗圃。

yǒu shí hou xiǎo tù zi bǐ dé yě méi yǒu duō yú de juǎn xīn
有时候，小兔子彼得也没有多余的卷心
cài jiè gěi tā de qīn qi
菜借给他的亲戚。

měi dāng zhè ge shí hou fú luò pǔ xī jiā de xiǎo tù zi
每当这个时候，弗洛浦茜家的小兔子
men jiù huì bèng bèng tiào tiào de chuān guò tián yě lái dào yí gè lā
们就会蹦蹦跳跳地穿过田野，来到一个垃
jī duī zhǎo dōng xi chī zhè ge lā jī duī ne jiù zài mài kè gǔ
圾堆找东西吃。这个垃圾堆呢，就在麦克古
gé xiān sheng jiā cài yuán wài de gōu qú lǐ
格先生家菜园外的沟渠里。

mài kè gǔ gé xiān sheng de lā jī duī jiǎn zhí shì ge zá huò
麦克古格先生的垃圾堆简直是个杂货
duī lǐ mian yǒu guǒ jiàng píng zhǐ dài hái yǒu gē cǎo jī gē
堆——里面有果酱瓶、纸袋，还有割草机割
xià de yì duī duī qīng cǎo zhè xiē qīng cǎo chī dào zuǐ lǐ zǒng shì huá
下的一堆堆青草，这些青草吃到嘴里总是滑
liū liū de lìng wài lā jī duī lǐ hái yǒu yì xiē fǔ làn de xī
溜溜的。另外，垃圾堆里还有一些腐烂的西
hú lu hé yì liǎng zhī jiù xuē zi yǒu yì tiān ò duō kāi
葫芦和一两只旧靴子。有一天——哦，多开
xīn a nà lǐ jū rán yǒu yì xiē yè zi féi dà de wō jù
心啊！——那里居然有一些叶子肥大的莴苣，
ér qiě hái kāi le huā
而且还“开”了花。

fú luò pǔ xī de xiǎo tù zi men chī a chī a xiǎo dù
弗洛浦茜的小兔子们吃啊，吃啊，小肚
pí lǐ hěn kuài biàn zhuāng mǎn le wō jù bù jiǔ xiǎo tù zi men
皮里很快便装满了莴苣。不久，小兔子们
kāi shǐ dǎ qǐ kē shuì zuì hòu yí gè jiē yí ge de dǎo zài le gē
开始打起瞌睡，最后一个接一个地倒在了割
guò de qīng cǎo shang
过的青草上。

běn jié míng shì bà ba tā kě bú xiàng tā de hái zi men
本杰明是爸爸，他可不像他的孩子们
nà yàng róng yì shuì zháo zài shuì jiào qián tā hái xiǎng dào zài zì
那样容易睡着。在睡觉前，他还想到在自
jǐ de tóu shàng méng le yí gè zhǐ dài miǎn de cāng ying yí huì
己的头上蒙了一个纸袋，免得苍蝇一会
er fēi guò lái dǎ rǎo le tā de hǎo mèng
儿飞过来打扰了他的好梦。

在温暖的阳光下，弗洛浦茜的小兔子们睡得美极了。

远远地，从菜园另一边的草坪上响起割草机的“噼啪”声。青蝇们总是闹哄哄的，他们在围墙附近不停地飞来飞去。这时，一只小老鼠正在垃圾堆的果酱瓶里寻找着食物。

我可以告诉你这只小老鼠的名字，她叫托马西娜·小点点鼠，是一只长尾巴丛林鼠。

xiǎo diǎn diǎn shǔ shā shā de pá guò zhǐ dài chǎo xǐng le
小点点鼠“沙沙”地爬过纸袋，吵醒了

xiǎo tù zi běn jié míng
小兔子本杰明。

xiǎo lǎo shǔ hěn bù hǎo yì si tā yí zài biǎo shì qiàn yì
小老鼠很不好意思，她一再表示歉意。

tā shuō tā rèn shi xiǎo tù zi bǐ dé
她说，她认识小兔子彼得。

xiǎo diǎn diǎn shǔ hé běn jié míng zhèng zài wéi qiáng xià tán huà
小点点鼠和本杰明 正在围墙下谈话
de shí hou tóu dǐng shang tū rán chuán lái yí zhèn chén zhòng de jiǎo
的时候，头顶上突然传来一阵沉重的脚
bù shēng à mài kè gǔ gé xiān sheng jiāng yì zhěng dài gāng gē
步声。啊，麦克古格先生将一整袋刚割
xià de qīng cǎo dào le xià lái zhè xiē qīng cǎo zhèng hǎo dào zài shú
下的青草倒了下来，这些青草正好倒在熟
shuì de fú luò pǔ xī de xiǎo tù zi men shēn shàng
睡的弗洛浦茜的小兔子们身上！

běn jié míng jí máng duǒ dào tā de zhǐ dài xià xiǎo diǎn diǎn
本杰明急忙躲到他的纸袋下，小点点
shǔ yě cáng jìn le yì zhī guǒ jiàng píng lǐ
鼠也藏进了一只果酱瓶里。

zài jiàng luò de cǎo yǔ xià xiǎo tù zi men réng chén jìn
在降落的“草雨”下，小兔子们仍沉浸
zài tián mì de shuì mèng zhōng wēi xiào zhe tā men gēn běn méi yǒu
在甜蜜的睡梦中，微笑着。他们根本没有
bèi chǎo xǐng yīn wèi nà xiē wō jù shí zài tài ràng rén xiǎng shuì jiào
被吵醒，因为那些莴苣实在太让人想睡觉
le
了。

xiǎo tù zi men mèng jiàn le tā men de mā ma fú luò pǔ
小兔子们梦见了他们的妈妈弗洛浦
xī zhè shí tā zhèng zài yòng shǒu gěi tā men fǔ píng shuì jiào de
茜，这时，她正在用手给他们抚平睡觉的
gān cǎo chuáng
干草床。

zhì yú mài kè gǔ gé xiān sheng ne tā dào kōng cǎo dài hòu
至于麦克古格先生呢，他倒空草袋后，
zhàn zài wéi qiáng shang xiàng xià kàn le kàn tū rán tā kàn dào jǐ
站在围墙上向下看了看。突然，他看到几
zhī hè sè de xiǎo ěr duo jiān shù zài gāng gē xià de qīng cǎo duī
只褐色的小耳朵尖竖在刚割下的青草堆
wài kàn shang qù fēi cháng huá jī tā kàn zhe zhè xiē xiǎo ěr duo
外，看上去非常滑稽！他看着这些小耳朵，
kàn le hǎo yí huì er
看了好一会儿。

bù jiǔ yì zhī cāng ying fēi lái luò dào yì zhī xiǎo ěr duo
不久，一只苍蝇飞来，落到一只小耳朵
jiān shang nà zhī xiǎo ěr duo jìng rán hái dòng le dòng
尖上，那只小耳朵竟然还动了动。

mài kè gǔ gé xiān sheng tiào xià wéi qiáng xiàng lā jī duī zǒu
麦克古格先生跳下围墙，向垃圾堆走

qù
去——

yī èr sān sì wǔ liù zhī xiǎo tù zi tā yì
“一、二、三、四！五！六只小兔子！”他一
biān shǔ zhe yì biān jiāng xiǎo tù zi men zhuō jìn le tā de kǒu dai
边数着，一边将小兔子们捉进了他的口袋。

zhè shí fú luò pǔ xī de xiǎo tù zi men mèng jiàn tā men
这时，弗洛浦茜的小兔子们梦见，他们
de mā ma zhèng zài chuáng shang gěi tā men fān shēn ne tā men zài
的妈妈正在床上给他们翻身呢！他们在
shuì mèng zhōng niǔ dòng le yí xià kě shì réng méi yǒu xǐng lái
睡梦中扭动了一下，可是仍没有醒来。

mài kè gǔ gé xiān sheng zā jǐn kǒu dai jiāng tā fàng dào le
麦克古格先生扎紧口袋，将它放到了
wéi qiáng shang
围墙上。

rán hòu tā zǒu xiàng cǎo píng qù jiāng gē cǎo jī fàng hǎo
然后，他走向草坪，去将割草机放好。

zài mài kè gǔ gé xiān sheng zǒu le zhī hòu xiǎo tù zi fú
在麦克古格先生走了之后，小兔子弗
luò pǔ xī fū rén tā yì zhí liú zài jiā zhōng chuān guò
洛浦茜夫人——她一直留在家中——穿过
tián yě xiàng zhè lǐ zǒu lái
田野，向这里走来。

tā yí huò de kàn zhe wéi qiáng shang de nà zhī kǒu dai gǎn
她疑惑地看着围墙上的那只口袋，感
dào fēi cháng jīng qí tā bù zhī dào tā de xiǎo tù zi men dōu qù
到非常惊奇，她不知道她的小兔子们都去
le nǎ lǐ
了哪里。

xiǎo diǎn diǎn shǔ cóng guǒ jiàng píng lǐ pǎo chū lái běn jié míng
小点点鼠从果酱瓶里跑出来，本杰明
yě ná kāi le tā tóu shàng de zhǐ dài tā men jiāng gāng cái fā
也拿开了他头上的纸袋，他们将刚才发
shēng de nà mù bēi jù gào su le tù mā ma
生的那幕悲剧告诉了兔妈妈。

běn jié míng hé fú luò pǔ xī gǎn dào jué wàng jí le yīn
本杰明和弗洛浦茜感到绝望极了，因
wèi tā men gēn běn jiě bù kāi kǒu dai shàng de shéng zi
为他们根本解不开口袋上的绳子。

kě shì xiǎo diǎn diǎn shǔ fēi cháng cōng ming tā jiāng kǒu dai
可是，小点点鼠非常聪明，她将口袋
xià miàn de yí gè jiǎo yǎo chū le yí gè dòng
下面的一个角咬出了一个洞。

xiǎo tù zi men bèi yí gè yí gè de lā chū lái rán hòu yòu
小兔子们被一个一个地拉出来，然后又
bèi pāi xǐng le
被拍醒了。

tā men de fù mǔ wǎng kōng kǒu dai lǐ sāi le sān gè làn xī
他们的父母往空口袋里塞了三个烂西
hú lu yì bǎ jiù máo shuā hé liǎng gè làn luó bo
葫芦、一把旧毛刷和两个烂萝卜。

rán hòu tā men quán dōu duǒ jìn le guàn mù cóng zài nà
然后，他们全都躲进了灌木丛，在那
lǐ děng dài zhe mài kè gǔ gé xiān sheng
里等待着麦克古格先生。

mài kè gǔ gé xiān sheng huí lái hòu tí qǐ kǒu dai jiù zǒu
麦克古格先生回来后，提起口袋就走。
tā chī lì de tí zhe kǒu dai kàn lái nà zhī kǒu dai xiāng
他吃力地提着口袋，看来那只口袋相
dāng zhòng ne
当重呢！

fú luò pǔ xī de xiǎo tù zi men yuǎn yuǎn de gēn zài tā hòu
弗洛浦茜的小兔子们远远地跟在他后
mian hé tā bǎo chí yí gè ān quán de jù lí
面，和他保持一个安全的距离。

xiǎo tù zi men kàn zhe mài kè gǔ gé xiān sheng zǒu jìn le tā
小兔子们看着麦克古格先生走进了他
zhù de fáng zi
住的房子。

xiǎo tù zi men qiāo
小兔子们悄
qiāo pá guò qù zài
悄爬过去，在
chuāng kǒu xià tīng zhe fáng
窗口下听着房
zi lǐ de dòng jing
子里的动静。

mài kè gǔ gé xiān
麦克古格先
sheng jiāng kǒu dai zhòng
生将口袋重
zhòng do rēng zài shí bǎn
重地扔在石板
dì shàng zhè shí fú
地上。这时，弗
luò pǔ xī de xiǎo tù zi men rú guǒ hái zài kǒu dai lǐ yí dìng huì
洛浦茜的小兔子们如果还在口袋里，一定会
shuāi de hěn téng
摔得很疼。

xiǎo tù zi men tīng dào mài kè gǔ gé xiān sheng lā guò yì bǎ
小兔子们听到麦克古格先生拉过一把
yǐ zi gē gē de xiào zhe
椅子，咯咯地笑着。

yī èr sān sì wǔ liù zhī xiǎo tù zi mài kè
“一、二、三、四、五、六只小兔子！”麦克
gǔ gé xiān sheng shǔ zhe kǒu dai lǐ de xiǎo tù zi
古格先生数着口袋里的小兔子。

yí zhè shì
“咦？这是
zěn me huí shì nà shì
怎么回事？那是
shén me dōng xi mài
什么东西？”麦
kè gǔ gé fū rén wèn
克古格夫人问
dào
道。

yī èr
“一、二、
sān sì wǔ liù zhī
三、四、五、六只
xiǎo féi tù zi mài
小肥兔子！”麦
kè gǔ gé xiān sheng yì biān huí dá yì biān shǔ zhe tā de shǒu
克古格先生一边回答，一边数着他的手
zhǐ yī èr sān
指：“一、二、三——”

nǐ bié fàn shǎ le nǐ zài gān shén me nǐ zhè ge yú
“你别犯傻了！你在干什么，你这个愚
chǔn de lǎo jiā huo
蠢的老家伙？”

zài kǒu dai lǐ yī èr sān sì wǔ liù mài
“在口袋里！一、二、三、四、五、六！”麦
kè gǔ gé xiān sheng shuō
克古格先生说。

zhè shí fú luò pǔ xī zuì xiǎo de xiǎo tù zi tiào shang le
这时，弗洛浦茜最小的小兔子跳上了
chuāng tái
窗台。

mài kè gǔ gé fū rén tí qǐ kǒu dai yòng shǒu mō le mō
麦克古格夫人提起口袋，用手摸了摸。
tā shuō tā gǎn jué dí què shì liù zhī dàn shì tā men yí dìng shì
她说她感觉的确是六只，但是他们一定是
lǎo tù zi yīn wèi tā men mō qǐ lái bú dàn tài yìng le ér qiě
老兔子，因为他们摸起来不但太硬了，而且
xíng zhuàng wán quán bù tóng
形状完全不同。

tā men yì diǎn er yě bù hǎo chī bú guò tù pí hěn nuǎn
“他们一点儿也不好吃，不过兔皮很暖
huo zhèng hǎo kě yǐ gěi wǒ
和，正好可以给我
zuò yí gè dǒu peng
做一个斗篷。”

gěi nǐ zuò dǒu
“给你做斗
peng mài kè gǔ gé xiān
篷？”麦克古格先
sheng dà jiào dào wǒ yào
生大叫道：“我要
bǎ tā men mài le rán hòu
把他们卖了，然后
mǎi wǒ zì jǐ de yān cǎo
买我自己的烟草！”

tù zi yān cǎo wǒ yào yí gè gè bāo tā men de pí kǎn xià tā
“兔子烟草！我要一个个剥他们的皮，砍下他
men de nǎo dai
们的脑袋！”

mài kè gǔ gé fū rén jiě kāi kǒu dai jiāng shǒu shēn jìn le
麦克古格夫人解开口袋，将手伸进了
kǒu dai lǐ
口袋里。

dāng tā gǎn dào kǒu dai lǐ dōu shì yì xiē làn shū cài shí tā
当她感到口袋里都是一些烂蔬菜时，她
biàn de fēi cháng fēi cháng fèn nù tā mà mài kè gǔ gé xiān sheng
变得非常非常愤怒。她骂麦克古格先生
shì bié yǒu yòng xīn
是“别有用心”。

mài kè gǔ gé xiān sheng yě fēi cháng shēng qì
麦克古格先生也非常生气。

zhè shí yí gè làn xī hú lu fēi chū chú fáng de chuāng
这时，一个烂西葫芦飞出厨房的窗

kǒu zhèng hǎo dǎ zhòng le fú luò pǔ xī de xiǎo ér zi dǎ de
口，正好打中了弗洛浦茜的小儿子。打得

hěn téng ne
很疼呢！

běn jié míng hé fú luò pǔ xī xiǎng tā men gāi huí jiā le
本杰明和弗洛浦茜想，他们该回家了。

jié guǒ mài kè gǔ gé xiān sheng méi yǒu dé dào tā de yān
结果，麦克古格先生没有得到他的烟
cǎo mài kè gǔ gé fū rén yě méi yǒu dé dào tā de tù pí
草，麦克古格夫人也没有得到她的兔皮。

bú guò dì èr nián de shèng dàn jié dào lái de shí hou tuō
不过，第二年的圣诞节到来的时候，托
mǎ xī nà xiǎo diǎn diǎn shǔ què shōu dào le yí fèn lǐ wù ò
马西娜·小点点鼠却收到了一份礼物。哦，
nà xiē tù máo zú gòu tā gěi zì jǐ zhī yí jiàn dǒu peng yì tiáo
那些兔毛足够她给自己织一件斗篷、一条
tóu jīn yì zhī piào liang de nuǎn shǒu lóng hé yí fù wēn nuǎn de lián
头巾、一只漂亮的暖手笼和一副温暖的连
zhǐ shǒu tào le
指手套了！

金吉尔和皮克斯的故事

1909

cóng qián
从前，
yí gè cūn zhuāng
一个村庄
lǐ yǒu yì jiā
里有一家
shāng diàn diàn
商店，店
míng xiě zài shāng
名写在商
diàn de chú chuāng
店的橱窗
shang nà ge
上，那个
míng zi shì jīn jí ěr hé pí kè sī
名字是“金吉尔和皮克斯”。

nà shì yì jiā fēi cháng xiǎo de xiǎo shang diàn zhǐ shì hé
那是一家非常小的小商店，只适合
yáng wá wa men lái mǎi dōng xi suǒ yǐ lù xīn dá hé chú shī
洋娃娃们来买东西——所以露辛达和厨师
jiǎn duō ěr jīng cháng dào zhè lǐ lái mǎi yì xiē zá huò
简·多尔经常到这里来买一些杂货。

duì yú xiǎo tù zi men lái shuō guì tái de gāo dù fēi cháng
对于小兔子们来说，柜台的高度非常
hé shì jīn jí ěr hé pí kè sī de hóng diǎn tú àn shǒu pà
合适。“金吉尔和皮克斯”的红点图案手帕
mài yí biàn shì lìng jiā sì fēn zhī sān biàn shì lìng wài zhè lǐ yě
卖一便士另加四分之三便士。另外，这里也

mài táng bí yān hé xiàng jiāo tào xié
卖糖、鼻烟和橡胶套鞋。

shì shí shang zhè suī rán shì jiā hěn xiǎo de diàn kě shì tā
事实上，这虽然是家很小的店，可是它
mài de huò wù jī hū yīng yǒu jìn yǒu chú le jǐ yàng nǐ lín
卖的货物几乎应有尽有——除了几样你临
shí yào de dōng xi bǐ rú xié dài fā jiā hé yáng pái děng děng
时要的东西，比如鞋带、发夹和羊排等等。

jīn jí ěr hé pí kè sī shì zhè jiā shāng diàn de zhǔ rén
金吉尔和皮克斯是这家商店的主人。
jīn jí ěr shì yì zhī huáng sè de xióng māo pí kè sī shì yì zhī
金吉尔是一只黄色的雄猫，皮克斯是一只
líng mǐn de xiǎo liè gǒu
灵敏的小猎狗。

xiǎo tù zi men zǒng shì yǒu diǎn er pà pí kè sī
小兔子们总是有点儿怕皮克斯。

xiǎo lǎo shǔ men yě shì zhè jiā shāng diàn de gù kè zhǐ
小老鼠们也是这家商店的顾客——只

shì tā men duì jīn jí ěr pà jí le
是，他们对金吉尔怕极了。

jīn jí ěr zǒng shì qǐng pí kè sī qù jiē dài nà xiē xiǎo lǎo
金吉尔总是请皮克斯去接待那些小老

shǔ yīn wèi tā shuō tā kàn dào xiǎo lǎo shǔ jiù huì rěn bú zhù liú
鼠，因为他说，他看到小老鼠就会忍不住流

kǒu shuǐ
口水。

měi cì kàn dào tā men yí gè gè dài zhe xiǎo bāo guǒ zǒu chū
“每次看到他们一个个带着小包裹走出

qù wǒ shí zài shòu bu liǎo tā shuō
去，我实在受不了！”他说。

wǒ yě yǒu zhè yàng de gǎn jué ne pí kè sī huí dá
“我也有这样的感觉呢！”皮克斯回答，

kě shì wǒ men jué bù néng chī wǒ men de gù kè nà yàng
“可是，我们决不能吃我们的顾客。那样，

tā men jiù huì bù lái wǒ men zhè er pǎo dào tǎ bǐ sè tè wéi
他们就会不来我们这儿，跑到塔比瑟·特维
qiè tè de shāng diàn qù
切特的商店去。”

qià qià xiāng fǎn tā men huì méi yǒu dì fang kě qù le
“恰恰相反，他们会没有地方可去了。”
jīn jí ěr jǔ sàng de shuō
金吉尔沮丧地说。

tǎ bǐ sè tè wéi qiè tè shì cūn zhuāng lǐ lìng yì jiā shāng
塔比瑟·特维切特是村庄里另一家商
diàn de zhǔ rén tā cóng lái bù shē zhàng
店的主人。她从来不赊账。

jīn jí ěr hé pí kè sī què yǔn xǔ gù kè wú xiàn shē zhàng hǎo
金吉尔和皮克斯却允许顾客无限赊账。好
le shē zhàng de yì si jiù shì shuō yí wèi gù kè yào mǎi yì tiáo
了，“赊账”的意思就是说：一位顾客要买一条
féi zào kě shì
肥皂，可是
zhè wèi gù kè què
这位顾客却
bú yòng dǎ kāi
不用打开
qián bāo fù qián
钱包付钱
tā shuō tā
——她说她
yǐ hòu zài fù
以后再付。

zhè shí pí kè sī huì xiàng tā jū yí gè gōng shuō suí
这时，皮克斯会向她鞠一个躬说：“随
yì fū rén rán hòu tā zài bǎ gù kè shē qiàn de shāng pǐn hé
意，夫人。”然后，他再把顾客赊欠的商品和
jià qián jì zài yí gè běn zi shang
价钱记在一个本子上。

jǐn guǎn gù kè men fēi cháng hài pà jīn jí ěr hé pí kè
尽管，顾客们非常害怕金吉尔和皮克
sī kě tā men què zǒng shì lái le yòu lái cóng zhè lǐ mǎi zǒu dà
斯，可他们却总是来了又来，从这里买走大
liàng dōng xi
量东西。

bú guò bèi chēng wéi qián guì de hé zi lǐ què yí gè
不过，被称为“钱柜”的盒子里却一个
qián dōu méi yǒu
钱都没有。

měi tiān gù kè men dōu huì chéng qún jié duì de yǒng jìn
每天，顾客们都会成群结队地涌进
jīn jí ěr hé pí kè sī mǎi zǒu dà liàng shāng pǐn yóu qí shì
“金吉尔和皮克斯”，买走大量商品，尤其是
gòu mǎi tài fēi táng de gù kè shù liàng zuì duō kě shì tā men zǒng
购买太妃糖的顾客数量最多。可是，他们总
shì méi yǒu qián jí shǐ shì mǎi jià zhí yí biàn shì de bò he táng
是没有钱！即使是买价值一便士的薄荷糖，

tā men yě bú huì fù qián
他们也不会付钱。

bú guò zhè lǐ de dōng xi mài de fēi kuài tā de xiāo liàng
不过，这里的东西卖得飞快，它的销量
bǐ tǎ bǐ sè tè wéi qiè tè de shāng diàn yào gāo chū shí bèi ne
比塔比瑟·特维切特的商店要高出十倍呢！

yóu yú yì zhí méi yǒu qián jīn jí ěr hé pí kè sī zhǐ néng
由于一直没有钱，金吉尔和皮克斯只能
chī tā men mài de shí wù
吃他们卖的食物。

pí kè sī chī bǐng gān jīn jí ěr chī yì zhǒng gān xuě yú
皮克斯吃饼干，金吉尔吃一种干鳕鱼。

shāng diàn měi tiān guān mén hòu tā men jiù zài zhú guāng xià
商店每天关门后，他们就在烛光下
chī zhe zhè xiē dōng xi
吃着这些东西。

yī yuè yī rì dào le tā men hái shì méi yǒu qián yīn cǐ
一月一日到了，他们还是没有钱，因此
pí kè sī méi yǒu qián qù mǎi gǒu zhí zhào le
皮克斯没有钱去买狗执照了。

duō me lìng rén tǎo yàn a wǒ zhēn hài pà jǐng chá pí
“多么令人讨厌啊，我真害怕警察！”皮
kè sī shuō
克斯说。

zhè dōu shì nǐ zì jǐ de cuò yīn wèi nǐ shēng xià lái jiù
“这都是你自己的错，因为你生下来就
shì yì zhī xiǎo liè gǒu wǒ ne wǒ jiù bù xū yào shén me zhí
是一只小猎狗。我呢，我就不需要什么执
zhào mù yáng quǎn kǎi pǔ yě bù xū yào zhí zhào
照，牧羊犬凯普也不需要执照。”

duō me ràng rén bù ān a wǒ dān xīn wǒ huì bèi jǐng chá
“多么让人不安啊，我担心我会被警察
chuán huàn wǒ yě shì zhe dào jǐng chá jú qù shē zhàng xī wàng ná
传唤！我也试着到警察局去赊账，希望拿

dào yì zhāng zhí zhào kě shì tā men bù tóng yì pí kè sī shuō zhè lǐ zěn me dào chù dōu shì jǐng chá ne wǒ zài huí lái de lù shang hái yù dào le yí gè

到一张执照，可是他们不同意。”皮克斯说，“这里怎么到处都是警察呢，我在回来的路上还遇到了一个。

ràng wǒ men zài sòng yí fèn zhàng dān gěi dà hú zi sài miù ěr ba tā yǐ jīng shē qiàn le èr shí èr xiān lìng jiǔ biàn shì de xūn ròu qián

“让我们再送一份账单给大胡子塞缪尔吧，他已经赊欠了二十二先令九便士的熏肉钱。”

wǒ kàn tā gēn běn jiù bù dǎ suàn fù zhè bǐ qián jīn jí ěr huí dá

“我看，他根本就不打算付这笔钱。”金吉尔回答。

wǒ gǎn kěn dìng ān nà mǎ lì yà lǎo shì tōu dōng xi
“我敢肯定，安娜·玛利亚老是偷东西
yào bù rán nà xiē nǎi yóu sū dǎ bǐng gān dōu pǎo dào nǎ er
——要不然，那些奶油苏打饼干都跑到哪儿
qù le
去了？”

nǐ zì jǐ chī le bei jīn jí ěr huí dá
“你自己吃了呗。”金吉尔回答。

jīn jí ěr
金吉尔
hé pí kè sī zǒu
和皮克斯走
jìn shāng diàn hòu
进商店后
mian de kè tīng tā
面的客厅，他
men píng shí dōu shì
们平时都是
zài zhè lǐ jì
在这里记
zhàng
账。

tā men bǎ
他们把
zhàng dān shang de qiàn kuǎn yí xiàng xiàng de jiā zài yì qǐ
账单上的欠款一项项地加在一起。

dà hú zi sài miù ěr de qiàn zhàng jiā qǐ lái jiù xiàng
“大胡子塞缪尔的欠账加起来，就像
tā de wěi ba nà yàng cháng zì cóng shí yuè yǐ lái tā yǐ jīng
他的尾巴那样长！自从十月以来，他已经
shē qiàn le yí àng sī jiā sān fēn zhī yī àng sī de bí yān
赊欠了一盎司加三分之一盎司的鼻烟。

zěn me bàn hái yǒu qī bàng huáng yóu jià gé wéi měi
“怎么办，还有七磅黄油——价格为每
bàng yì xiān lìng sān biàn shì hái yǒu yì tiáo fēng là hé sì hé huǒ
磅一先令三便士，还有一条封蜡和四盒火

柴？”

“再向每一位顾客致以一份账单的问候吧！”金吉尔说。

过了一会儿，他们听到商店里传来一种异样的声音，似乎有人推门走了进来。

tā men jí máng cóng hòu mian de kè tīng pǎo guò qù zhǐ jiàn
他们急忙从后面的客厅跑过去，只见
shāng diàn de guì tái shàng fàng zhe yì fēng xìn hái yǒu yí gè jǐng chá
商店的柜台上放着一封信，还有一个警察
zhèng zài bǐ jì běn shàng xiě zhe shén me
正在笔记本上写着什么。

pí kè sī qì de jī hū yào dà fā pí qi tā bù tíng de
皮克斯气得几乎要大发脾气，他不停地
wāng wāng jiào zhe zuò chū yào xiàng qián chōng de jià shi
“汪汪”叫着，做出要向前冲的架势。

yǎo tā pí kè sī yǎo tā jīn jí ěr duǒ zài yí gè
“咬他，皮克斯！咬他！”金吉尔躲在一个
táng tǒng hòu mian qì jí bài huài de shuō tā zhǐ shì yí gè dé
糖桶后面，气急败坏地说，“他只是一个德
guó yáng wá wa
国洋娃娃！”

nà wèi jǐng chá méi yǒu lǐ huì tā men jì xù zài tā de bǐ
那位警察没有理会他们，继续在他的笔
jì běn shang xiě a xiě a
记本上写啊写啊。

yǒu liǎng cì tā bǎ qiān bǐ fàng dào le tā de zuǐ lǐ hái
有两次，他把铅笔放到了他的嘴里，还
yǒu yí cì bǎ qiān bǐ shēn jìn le páng biān de táng jiāng zhōng
有一次把铅笔伸进了旁边的糖浆中。

pí kè sī bù tíng de wāng wāng jiào zhe zhí dào bǎ hóu
皮克斯不停地“汪汪”叫着，直到把喉
lóng dōu hǎn yǎ le kě shì nà wèi jǐng chá réng rán yí jù huà dōu
咙都喊哑了。可是，那位警察仍然一句话都
bù shuō tā de yǎn jīng shì bō lí zhū zi zuò de tóu kuī zé shì
不说。他的眼睛是玻璃珠子做的，头盔则是
yòng xiàn féng zài tóu shang de
用线缝在头上的。

hòu lái dāng pí kè sī zuì hòu yí cì yào xiàng qián chōng de
后来，当皮克斯最后一次要向前冲的
shí hou tā fā xiàn shāng diàn lǐ yǐ jīng kōng le nà wèi jǐng
时候——他发现商店里已经空了。那位警
chá xiāo shī bú jiàn le
察消失不见了。

kě shì nà fēng xìn hái liú zài nà lǐ
可是，那封信还留在那里。

nán dào nǐ bú rèn wéi tā shì qù zhǎo zhēn zhèng de huó
“难道你不认为，他是去找真正的活
jǐng chá le wǒ zhēn dān xīn zhè shì yì zhāng chuán piào pí kè
警察了？我真担心这是一张传票！”皮克
sī kàn zhe nà fēng xìn shuō
斯看着那封信说。

bú shì jīn jí ěr dǎ kāi nà fēng xìn huí dá dào
“不是，”金吉尔打开那封信，回答道，“
zhè shì shāng diàn de fèi yòng hé shuì dān gòng sān yīng bàng shí jiǔ
这是商店的费用和税单，共三英镑十九
xiān lìng shí yī biàn shì lìng jiā sì fēn zhī sān biàn shì
先令十一便士另加四分之三便士。”

zhè zhēn shì zhì mìng de dǎ jī pí kè sī shuō wǒ
“这真是致命的打击！”皮克斯说，“我
men zhǐ hǎo guān bì zhè ge shāng diàn le
们只好关闭这个商店了！”

tā men guān bì le shāng diàn rán hòu lí kāi le cūn zhuāng
他们关闭了商店，然后离开了村庄。
bú guò tā men bìng méi yǒu yuǎn lí zhè lǐ ér shì yì zhí liú zài
不过，他们并没有远离这里，而是一直留在
fù jìn yí dài shì shí shang yǒu xiē rén hái zhēn de pàn wàng tā
附近一带。事实上，有些人还真的盼望他
men zǒu de yuǎn yì diǎn er ne
们走得远一点儿呢！

mù qián jīn jí ěr zhù zài yǎng tù chǎng wǒ bù zhī dào tā
目前，金吉尔住在养兔场。我不知道他
zài cóng shì shén me gōng zuò kě shì tā kàn shàng qù fēi cháng jiàn
在从事什么工作，可是他看上去非常健
zhuàng sì hū guò zhe shū shì de shēng huó
壮，似乎过着舒适的生活。

pí kè sī xiàn zài shì yí gè liè chǎng de shǒu wèi
皮克斯现在是一个猎场的守卫。

jīn jí ěr hé pí kè sī guān bì hòu cūn zhuāng lǐ de
“金吉尔和皮克斯”关闭后，村庄里的
jū mín gǎn dào tā men de shēng huó biàn de hěn bù fāng biàn tǎ bǐ
居民感到他们的生活变得很不方便。塔比
sè tè wéi qiè tè lì kè jiāng tā de huò wù tí le jià měi jiàn
瑟·特维切特立刻将她的货物提了价，每件
shāng pǐn zhǎng bàn biàn shì ér qiě tā réng bǎo liú zhe yǐ qián de guī
商品涨半便士，而且她仍保留着以前的规
ju jù jué rèn hé shē qiàn
矩，拒绝任何赊欠。

dāng rán yě cháng cháng yǒu shāng fàn de huò chē guāng gù zhè
当然，也常常有商贩的货车光顾这
lǐ bǐ rú tú fū yú fàn hái yǒu miàn bāo shī dì mò xī
里——比如屠夫、鱼贩，还有面包师蒂莫西。
bú guò shéi yě bù néng zhǐ kào sī dé wéi gé sī sōng gāo hé
不过，谁也不能只靠“斯德韦格斯”、松糕和
huáng yóu miàn bāo huó xià qù a jí shǐ nà xiē sōng gāo hé dì
黄油面包活下去啊——即使那些松糕和蒂
mò xī zuò de yí yàng hǎo yě bù háng a
莫西做的一样好也不行啊！

guò le yí duàn shí jiān dōng mián shǔ yuē hàn xiān sheng hé tā
过了一段时间，冬眠鼠约翰先生和他
de nǚ ér kāi shǐ mài bò he táng hé là zhú
的女儿开始卖薄荷糖和蜡烛。

kě shì tā men mài de bìng bú shì nà zhǒng liù gēn yí tào
可是，他们卖的并不是那种六根一套
de là zhú tā men mài de là zhú yì gēn zú yǒu qī yīng cùn yào
的蜡烛。他们卖的蜡烛，一根足有七英寸，要
wǔ zhī xiǎo lǎo shǔ cái néng tái zǒu
五只小老鼠才能抬走。

lìng wài zài nuǎn huo de tiān qì lǐ tā men mài de zhè xiē là zhú jiù biàn de hǎo qí guài yo

另外——在暖和的天气里，他们卖的这些蜡烛就变得好奇怪哟！

gù kè men ná zhe biàn ruǎn de là zhú xiàng dōng mián shǔ xiǎo jiě bào yuàn yāo qiú tuì huò kě tā jù jué le tā men de yāo qiú

顾客们拿着变软的蜡烛向冬眠鼠小姐抱怨，要求退货，可她拒绝了他们的要求。

dōng mián shǔ yuē hàn xiān sheng tīng dào gù kè de bào yuàn tā
冬眠鼠约翰先生听到顾客的抱怨，他
tǎng zài chuáng shàng chú le zhēn shū fu shén me dōu bù shuō
躺在床上，除了“真舒服”什么都不说。
tā zhè me zuò kě zhēn bú shì hé jīng yíng líng shòu diàn
他这么做，可真不适合经营零售店。

dāng mǔ jī sà lì hàn ní péng ní tiē chū yìn hǎo de hǎi
当母鸡萨莉·汉妮·彭妮贴出印好的海
bào shuō tā yào chóng kāi shāng diàn de shí hou dà jiā dōu gǎn dào
报，说她要重开商店的时候，大家都感到
fēi cháng gāo xìng hǎi bào shang xiě zhe hàn ní kāi yè dà jiǎn
非常高兴——海报上写着：汉妮开业大减
jià le gè zhǒng shāng pǐn dà pāi mài péng ní de huò wù zhēn pián
价了！各种商品大拍卖！彭妮的货物真便
yi kuài lái mǎi kuài lái shì kuài lái mǎi a
宜！快来买，快来试，快来买啊！

zhè zhāng hǎi bào zhēn shì jù yǒu jí dà de yòu huò lì
这张海报真是具有极大的诱惑力。

kāi yè nà tiān zhēn shì rè nao fēi fán shāng diàn lǐ jǐ
开业那天，真是热闹非凡。商店里挤
mǎn le gù kè bǐng gān guàn shàng zhàn mǎn le lǎo shǔ
满了顾客，饼干罐上站满了老鼠。

sà lì hàn ní péng ní zài gěi gù kè zhǎo qián de shí hou
萨莉·汉妮·彭妮在给顾客找钱的时候
xiǎn de fēi cháng máng luàn dàn tā jiān chí shōu xiàn jīn qí shí tā
显得非常忙乱，但她坚持收现金。其实她
yě bìng wú è yì
也并无恶意。

péng ní zhǔn bèi le gè zhǒng yòu rén de pián yi huò
彭妮准备了各种诱人的便宜货。

zhè shǐ de měi wèi gù kè dōu hěn gāo xìng
这使得每位顾客都很高兴。

gù shì jiǎng wán le
故事讲完了。

小点点鼠夫人的故事

1910

cóng qián yǒu yì zhī cóng lín shǔ tā de míng zi shì xiǎo
从前，有一只丛林鼠，她的名字是小

diǎn diǎn fū rén
点点夫人。

tā jū zhù zài shù lí xià de yí gè shā dòng zhōng
她居住在树篱下的一个沙洞中。

duō qí yì de yí zuò fáng zi a lǐ miàn yǒu cháng cháng de shā tǔ zǒu láng tōng wǎng chǔ cáng shì jiān guǒ dì jiào zhǒng zi dì jiào tā men quán dōu jiàn zào zài shù lí de shù gēn zhī zhōng

多奇异的一座房子啊！里面有长长的沙土走廊，通往储藏室、坚果地窖、种子地窖，它们全都建造在树篱的树根之中。

zhè zuò fáng zi yǒu yì jiān chú fáng yì jiān kè tīng yì jiān cān jù shì hé yì jiān shí pǐn shì

这座房子有一间厨房、一间客厅、一间餐具室和一间食品室。

lìng wài zhè lǐ hái yǒu xiǎo diǎn diǎn fū rén de wò shì tā
另外，这里还有小点点夫人的卧室，她
jiù shuì zài yì zhāng xiǎo xiǎo de xiāng chuáng shàng
就睡在一张小小的箱床上！

xiǎo diǎn diǎn fū rén shì yì zhī jí ài zhěng jié de xiǎo lǎo
小点点夫人是一只极爱整洁的小老
shǔ tā zǒng shì bù tíng de qīng lǐ dǎ sǎo tā nà róu ruǎn de shā
鼠，她总是不停地清理、打扫她那柔软的沙
dì bǎn
地板。

yǒu shí yì zhī jiǎ chóng zài zǒu láng lǐ mí le lù
有时，一只甲虫在走廊里迷了路。

qù qù xiǎo zāng jiǎo xiǎo diǎn diǎn fū rén yì biān shuō
“去！去！小脏脚！”小点点夫人一边说
zhe yì biān qiāo zhe tā de bò ji
着，一边敲着她的簸箕。

yì tiān yí gè shēn chuān hóng sè bān diǎn dǒu peng de xiǎo
一天，一个身穿红色斑点斗篷的小
lǎo tài tai zài tā de dòng lǐ pǎo lái pǎo qù
老太太，在她的洞里跑来跑去。

nǐ de fáng zi zháo huǒ le piáo chóng mā ma kuài fēi huí
“你的房子着火了，瓢虫妈妈！快飞回
jiā qù jiù nǐ de hái zi men ba
家去救你的孩子们吧！”

lìng yì tiān yì zhī féi pàng de dà zhī zhū cóng yǔ zhōng fēi
另一天，一只肥胖的大蜘蛛从雨中飞
jìn shā dòng xī wàng zài zhè lǐ bì bì yǔ
进沙洞，希望在这里避避雨。

qǐng wèn zhè shì mò fēi tè xiǎo jiě de jiā ma
“请问，这是莫菲特小姐的家吗？”

zǒu kāi nǐ zhè zhī dà dǎn de huài zhī zhū nǐ jìng gǎn bǎ
“走开，你这只大胆的坏蜘蛛！你竟敢把
wǒ zhè me gān jìng de wū zi guà mǎn zhī zhū wǎng
我这么干净的屋子挂满蜘蛛网！”

tā lì kè bǎ zhī zhū gǎn dào le chuāng wài
她立刻把蜘蛛赶到了窗外。

zhī zhū huāng máng pān zhe yì gēn cháng cháng de xì sī pá
蜘蛛慌忙攀着一根长长的细丝，爬
xià le shù lí
下了树篱。

zhè tiān xiǎo diǎn diǎn fū rén zǒu xiàng zuì yuǎn de chǔ cáng
这天，小点点夫人走向最远的储藏
shì tā yào qù qǔ yì xiē yīng táo hé hé jì huā zhǒng zi zuò wéi
室，她要去取一些樱桃核和蓟花种子作为
tā de wǎn cān
她的晚餐。

tā zǒu zài cháng cháng de zǒu láng shàng yì biān yòng lì xī
她走在长长的走廊上，一边用力吸
zhe bí zi xiù lái xiù qù yì biān guān chá zhe dì bǎn
着鼻子嗅来嗅去，一边观察着地板。

wǒ wén dào le yì gǔ mì fēng de wèi dào nán dào shì wài
“我闻到了一股蜜蜂的味道。难道是外
mian shù lí zhōng de bào chūn huā kāi huā le ma wǒ què xìn wǒ
面树篱中的报春花开花了吗？我确信，我
wán quán kě yǐ biàn rèn chū nà xiē xiǎo zāng jiǎo yìn
完全可以辨认出那些小脏脚印。”

tū rán zài zǒu láng guǎi jiǎo de dì fang tā yù dào le bā
突然，在走廊拐角的地方，她遇到了芭
bǐ dì bā bō ěr yīng yīng wēng wēng wēng wēng
比蒂·芭波尔——“嘤嘤，嗡嗡，嗡嗡！”
dà huáng fēng shuō dào
大黄蜂说道。

xiǎo diǎn diǎn fū rén yán lì de kàn zhe tā tā duō me xī
小点点夫人严厉地看着她，她多么希
wàng zì jǐ shǒu zhōng yǒu bǎ sào zhou a
望自己手中有把扫帚啊！

nǐ hǎo bā bǐ dì bā bō ěr wǒ hěn gāo xìng qù nǐ
“你好，芭比蒂·芭波尔。我很高兴去你
nà lǐ mǎi xiē fēng là kě shì nǐ dào zhè lǐ lái gān shén me
那里买些蜂蜡。可是，你到这里来干什么
ne wèi shén me nǐ zǒng
呢？为什么你总
shì cóng chuāng kǒu fēi jìn
是从窗口飞进
lái bù tíng de shuō yīng
来，不停地说嘤
yīng wēng wēng wēng
嘤，嗡嗡，嗡
wēng xiǎo diǎn diǎn fū
嗡？”小点点夫
rén yǒu xiē shēng qì le
人有些生气了。

wēng wēng wēng wū wū wū wū wū bā bǐ dì bā
“嗡嗡嗡，呜呜，呜呜呜！”芭比蒂·芭
bō ěr yě nù qì chōng chōng de jiān jiào zhe
波尔也怒气冲冲地尖叫着。

shǔ fū rén bú zài lǐ tā tā cè shēn yán zhe zǒu láng jì xù
鼠夫人不再理她，她侧身沿着走廊继续
xiàng qián zǒu zuì hòu zǒu jìn yì jiān chǔ cún xiàng zi de chǔ cáng
向前走，最后走进一间储存橡子的储藏
shì
室。

zài shèng dàn jié zhī qián xiǎo diǎn diǎn fū rén biàn chī wán le
在圣诞节之前，小点点夫人便吃完了
xiàng zi yīn cǐ chǔ cáng shì yīng gāi shì kōng de
橡子，因此储藏室应该是空的。

kě shì lǐ miàn què duī mǎn le luàn qī bā zāo de gān tái xiǎn
可是，里面却堆满了乱七八糟的干苔藓。

xiǎo diǎn diǎn fū rén kāi shǐ xiàng wài lā nà xiē tái xiǎn zhè shí sān sì zhī mì fēng tàn chū tóu lái wēng wēng wēng de dà shēng jiào zhe
小点点夫人开始向外拉那些苔藓。这时，三四只蜜蜂探出头来，“嗡嗡嗡”地大声叫着。

wǒ kě méi yǒu chū zū fáng wū de xí guàn zhè jiǎn zhí shì
“我可没有出租房屋的习惯。这简直是
fēi fǎ rù qīn xiǎo diǎn diǎn fū rén shuō wǒ yí dìng yào bǎ tā
非法入侵！”小点点夫人说，“我一定要把他
men gǎn chū zhè lǐ
们赶出这里——”

wēng wēng wēng wēng wēng wēng wēng wēng
“嗡嗡嗡！嗡嗡！嗡嗡嗡！”

kě shì wǒ bù zhī dào shéi néng bāng wǒ ne
“可是，我不知道谁能帮我呢？”

yīng yīng wēng wēng wēng wēng
“嘤嘤，嗡嗡，嗡嗡！”

wǒ kě jué bù néng qù qǐng jié kè xùn xiān sheng yīn wèi
“我可决不能去请杰克逊先生，因为
tā cóng bù bǎ tā de jiǎo cā gān jìng
他从不把他的脚擦干净。”

xiǎo diǎn diǎn fū rén jué dìng wǎn cān hòu tā zài qù gǎn zǒu
小点点夫人决定，晚餐后她再去赶走
nà xiē mì fēng
那些蜜蜂。

jié kè xùn bèn shǒu bèn jiǎo de cóng cān zhuō biān zhàn qǐ lái
杰克逊笨手笨脚地从餐桌边站起来，
rán hòu kāi shǐ zài shí pǐn guì lǐ kàn lái kàn qù
然后开始在食品柜里看来看去。

xiǎo diǎn diǎn fū rén shǒu lǐ ná zhe yí kuài mā bù gēn zài tā
小点点夫人手里拿着一块抹布跟在他
shēn hòu bù tíng de cā zhe tā liú zài kè tīng dì bǎn shang de nà
身后，不停地擦着他留在客厅地板上的那
xiē jù dà de shī jiǎo yìn
些巨大的湿脚印。

dāng jié kè xùn xiān sheng kàn dào shí pǐn guì lǐ dí què méi yǒu
当杰克逊先生看到食品柜里的确没有
mì fēng tā kāi shǐ yán zhe zǒu láng xiàng qián zǒu qù
蜜蜂，他开始沿着走廊向前走去。

zhēn de zhēn de nǐ jǐ bú jìn qù jié kè xùn xiān sheng
“真的，真的，你挤不进去，杰克逊先生！”

ā tì ā tì xiǎo diǎn diǎn fū rén
“阿嚏，阿嚏，小点点夫人！”

shǒu xiān tā jǐ jìn le cān jù shì
首先，他挤进了餐具室。

tì ā tì ā tì méi yǒu fēng mì méi yǒu fēng mì
“嚏，阿嚏，阿嚏！没有蜂蜜？没有蜂蜜，
xiǎo diǎn diǎn fū rén
小点点夫人？”

sān zhī xiǎo pá chóng zhèng cáng zài cān jù jià shang qí zhōng
三只小爬虫正藏在餐具架上。其中
yǒu liǎng zhī táo zǒu le kě shì zuì xiǎo de yì zhī què bèi tā zhuō
有两只逃走了，可是最小的一只却被他捉
zhù le
住了。

suí hòu jié kè xùn xiān sheng jǐ jìn le shí pǐn shì hú dié
随后，杰克逊先生挤进了食品室。蝴蝶
xiǎo jiě zhèng zài nà lǐ pǐn cháng fāng táng kě shì tā hěn kuài jiù
小姐正在那里品尝方糖，可是她很快就
fēi dào chuāng wài qù le
飞到窗外去了。

tì ā tì ā tì xiǎo diǎn diǎn fū rén nǐ sì hū
“嚏，阿嚏，阿嚏，小点点夫人，你似乎
yǒu hěn duō kè rén a
有很多客人啊！”

tā men quán dōu shì bù qǐng zì lái xiǎo diǎn diǎn fū rén
“他们全都是不请自来！”小点点夫人
shuō
说。

tā men yán zhe shā tǔ zǒu láng jì xù xiàng qián zǒu qù
他们沿着沙土走廊继续向前走去，“
tì ā tì
嚏，阿嚏——”

yīng yīng wēng wēng wēng wēng
“嘤嘤！嗡嗡！嗡嗡！”

jié kè xùn xiān sheng zài zǒu láng zhuǎn jiǎo de dì fang yù dào
杰克逊先生在走廊转角的地方遇到
le bā bǐ dì tā yì bǎ zhuā zhù tā kě shì suí hòu yòu bǎ tā
了芭比蒂，他一把抓住她，可是随后又把她
fàng xià le
放下了。

wǒ kě bù xǐ huān huáng fēng tā men quán shēn dōu shì dào
“我可不喜欢黄蜂，他们全身都是倒
shù de máo jié kè xùn xiān sheng shuō zhe yòng tā de wài tào xiù
竖的毛。”杰克逊先生说着，用他的外套袖
zi cā cā zuǐ
子擦擦嘴。

chū qù nǐ zhè ge āng zāng de lǎo lài há ma bā bǐ
“出去，你这个肮脏的老癞蛤蟆！”芭比
dì bā bō ěr jiān shēng jiào zhe
蒂·芭波尔尖声叫着。

wǒ jiǎn zhí kuài yào fā fēng le xiǎo diǎn diǎn fū rén shēng
“我简直快要发疯了！”小点点夫人生
qì de shuō
气地说。

jié kè xùn xiān sheng bǎ fēng cháo lā chū lái shí xiǎo diǎn diǎn
杰克逊先生把蜂巢拉出来时，小点点
fū rén duǒ jìn le cáng jiān guǒ de chǔ cáng shì lǐ jié kè xùn xiān
夫人躲进了藏坚果的储藏室里。杰克逊先
sheng sì hū bìng bú hài pà mì fēng wěi ba shàng de jiān cì
生似乎并不害怕蜜蜂尾巴上的尖刺。

dāng xiǎo diǎn diǎn fū rén zǒu chū chǔ cáng shì de shí hou kè
当小点点夫人走出储藏室的时候，客
rén men dōu yǐ jīng zǒu le
人们都已经走了。

kě shì dào chù dōu zāng hū hū de jiǎn zhí kě pà jí le
可是，到处都脏乎乎的，简直可怕极了
zhè me yòu zāng yòu luàn de dì fang wǒ zhè bèi zi hái cóng
——“这么又脏又乱的地方，我这辈子还从

lái méi yǒu jiàn guò dào chù dōu shì dī xià de fēng mì tái xiǎn jì
来没有见过！到处都是滴下的蜂蜜、苔藓、蓟
huā máo hái yǒu dà dà xiǎo xiǎo de zāng jiǎo yìn ò wǒ zuì
花毛，还有大大小小的脏脚印——哦，我最
gān jìng de fáng zi yǐ jīng biàn de yì tuán zāo le
干净的房子已经变得一团糟了！”

xiǎo diǎn diǎn fū rén yì diǎn diǎn qīng lǐ gān jìng tái xiǎn hé diū
小点点夫人一点点清理干净苔藓和丢
qì de fēng là
弃的蜂蜡。

rán hòu tā zǒu chū shā dòng zhǎo lái yì xiē nèn shù zhī dā
然后，她走出沙洞，找来一些嫩树枝搭
zài le mén kǒu
在了门口。

xiàn zài wǒ bǎ mén kǒu nòng de zhè me xiǎo kě yǐ dǎng
“现在，我把门口弄得这么小，可以挡
zhù jié kè xùn xiān sheng le
住杰克逊先生了！”

tā cóng chǔ cáng shì qǔ lái féi zào fǎ lán róng mā bù hé
她从储藏室取来肥皂、法兰绒抹布和
yì bǎ xīn máo shuā kě shì tā tài lèi le yǐ jīng méi yǒu lì
一把新毛刷。可是，她太累了，已经没有力
qi zuò rèn hé shì qing le
气做任何事情了。

tā zuò zài yǐ zi shang kāi shǐ dǎ qǐ le kē shuì hòu lái
她坐在椅子上，开始打起了瞌睡，后来
zhǐ hǎo shàng chuáng qù shuì jiào le
只好上床去睡觉了。

shén me shí hou cái néng xiàng yuán lái nà yàng gān jìng
“什么时候才能像原来那样干净
ne kě lián de xiǎo diǎn diǎn fū rén shuō
呢？”可怜的小点点夫人说。

dì èr tiān xiǎo diǎn diǎn fū rén zǎo zǎo de qǐ le chuáng
第二天，小点点夫人早早地起了床，
kāi shǐ jìn xíng chūn jì dà sǎo chú zhè cì dà sǎo chú zhěng zhěng
开始进行春季大扫除。这次大扫除，整整
jìn xíng le liǎng gè xīng qī
进行了两个星期。

tā sǎo a cā a dǎn a tā yòng fēng là cā liàng le
她扫啊、擦啊、掸啊！她用蜂蜡擦亮了
jiā jù hái bǎ tā de nà xiē xī zhì xiǎo tāng chí yě cā de liàng jīng
家具，还把她的那些锡制小汤匙也擦得亮晶
jīng de
晶的。

dāng tā bǎ jiā lǐ zhěng lǐ de piào piào liàng liàng gān gān jìng
当她把家里整理得漂漂亮亮、干干净
jìng tā jǔ bàn le yì chǎng yàn huì tā yāo qǐng le lìng wài wǔ zhī
净，她举办了一场宴会。她邀请了另外五只
xiǎo lǎo shǔ què méi yǒu yāo qǐng jié kè xùn xiān sheng
小老鼠，却没有邀请杰克逊先生。

jié kè xùn xiān sheng wén dào yòu rén de xiāng qì jí máng
杰克逊先生闻到诱人的香气，急忙
dēng shàng le dī àn kě shì tā què jǐ bú jìn xiǎo diǎn diǎn fū rén
登上了堤岸，可是他却挤不进小点点夫人
de mén kǒu le
的门口了。

xiǎo lǎo shǔ men yòng xiàng zi bēi dào le mǎn mǎn yì bēi fēng
小老鼠们用橡子杯倒了满满一杯蜂
mì cóng chuāng kǒu dì gěi jié kè xùn xiān sheng bú guò jié kè
蜜，从窗口递给杰克逊先生。不过，杰克
xùn xiān sheng yì diǎn er dōu méi yǒu shēng qì
逊先生一点儿都没有生气。

tā zuò zài yáng guāng xià duì xiǎo diǎn diǎn fū rén shuō
他坐在阳光下，对小点点夫人说：“
tì ā tì ā tì zhù nǐ shēn tǐ jiàn kāng a xiǎo diǎn diǎn fū
嚏，阿嚏，阿嚏！祝你身体健康啊，小点点夫
rén
人！”

提米·提普托斯的故事

1911

cóng qián yǒu yì zhī pàng pàng de huī sè xiǎo sōng shǔ shēng
从前，有一只胖胖的灰色小松鼠，生
huó de fēi cháng fù yù tā de míng zi jiào zuò tí mǐ tí pǔ tuō
活得非常富裕，他的名字叫做提米·提普托
sī zài yì kē dà shù de shù jiān shàng tā yòng shù yè dā jiàn le
斯。在一棵大树的树尖上，他用树叶搭建了
yí zuò xiǎo wū
一座小屋。

tā de qī zǐ yě shì yí gè xiǎo sōng shǔ míng zi jiào zuò
他的妻子也是一个小松鼠，名字叫做
gǔ dì tí pǔ tuō sī
古蒂·提普托斯。

yì tiān tí mǐ tí pǔ tuō sī zuò zài wū wài xiǎng shòu
一天，提米·提普托斯坐在屋外，享受
zhe wēi fēng tā yáo dòng zhe zì jǐ de wěi ba gē gē de xiào
着微风，他摇动着自己的尾巴，“咯咯”地笑
zhe shuō wǒ de xiǎo qī zǐ gǔ dì a shù shang de jiān guǒ yǐ
着说：“我的小妻子古蒂啊，树上的坚果已
jīng chéng shú le wǒ men děi chǔ cáng yì xiē zhǔn bèi dōng tiān hé
经成熟了，我们得储藏一些准备冬天和
chūn tiān chī a
春天吃啊！”

gǔ dì tí pǔ tuō sī ne cǐ kè zhèng máng zhe bǎ tái
古蒂·提普托斯呢，此刻正忙着把苔
xiǎn tuī dào tā men de xiǎo wū xià zhè jiān xiǎo wū tài nuǎn huo
藓推到他们的小屋下：“这间小屋太暖和
le wǒ men yí dìng huì shū shū fú fú de shuì shàng yí gè dōng
了，我们一定会舒舒服服地睡上一个冬
tiān
天。”

chūn tiān wǒ men xǐng lái de shí hou huì hěn shòu ruò kě
“春天，我们醒来的时候会很瘦弱，可
nà shí hou hái shén me chī de dōu méi yǒu ne tí mǐ tí pǔ tuō
那时候还什么吃的都没有呢！”提米·提普托
sī shēn yǒu yuǎn jiàn de huí dá
斯深有远见地回答。

tí mǐ hé gǔ dì tí pǔ tuō sī lái dào zhǎng mǎn jiān guǒ
提米和古蒂·提普托斯来到长满坚果
de guàn mù cóng tā men fā xiàn qí tā xiǎo sōng shǔ yǐ jīng zài cǎi
的灌木丛，他们发现其他小松鼠已经在采
zhāi jiān guǒ le
摘坚果了。

tí mǐ tuō xià tā de wài yī guà zài yì gēn xiǎo shù zhī
提米脱下他的外衣，挂在一根小树枝
shang rán hòu tā men jiù kāi shǐ yì shēng bù xiǎng de gàn qǐ lái
上，然后他们就开始一声不响地干起来。

měi tiān　tā men dou huì lái huí pǎo hǎo jǐ tàng　yǐ biàn duō
每天，他们都会来回跑好几趟，以便多
cǎi zhāi yì xiē jiān guǒ　tā men jiāng cǎi zhāi de jiān guǒ zhuāng jìn kǒu
采摘一些坚果。他们将采摘的坚果装进口
dai　rán hòu yùn huí lái　fēn bié chǔ cún zài lí tā men jū zhù de
袋，然后运回来，分别储存在离他们居住的
dà shù bù yuǎn de jǐ gè kōng shù zhuāng lǐ
大树不远的几个空树桩里。

dāng dà shù zhuāng zhuāng mǎn le jiān guǒ tí mǐ hé gǔ dì
当大树桩装满了坚果，提米和古蒂
jiù bǎ kǒu dai lǐ de jiān guǒ dào jìn yí gè gāo gāo de shù dòng lǐ
就把口袋里的坚果倒进一个高高的树洞里。
zhè ge shù dòng guò qù shì zhuó mù niǎo de jiā jiān guǒ jī lǐ gū
这个树洞过去是啄木鸟的家。坚果“叽里咕
lū de gǔn a gǔn a gǔn a rán hòu jiù yì zhí gǔn
噜”地滚啊——滚啊——滚啊，然后就一直滚
dào shù dòng dǐ xià qù le
到树洞底下去了。

ò nǐ zěn me cái néng bǎ tā men zài ná chū lái ne
“哦，你怎么才能把它们再拿出来呢？
zhè ge shù dòng jiǎn zhí jiù xiàng shì yí gè chǔ qián guàn gǔ dì
这个树洞简直就像是一个储钱罐！”古蒂
shuō
说。

zài chūn tiān dào lái zhī qián wǒ kě shì huì biàn de hěn shòu
“在春天到来之前，我可是会变得很瘦
ne qīn ài de tí mǐ tí pǔ tuō sī shuō zhe xiàng shù dòng
呢，亲爱的！”提米·提普托斯说着，向树洞
lǐ kàn le kàn
里看了看。

tí mǐ hé gǔ dì chǔ cáng le dà liàng jiān guǒ yīn wèi
提米和古蒂储藏了大量坚果——因为，
tā men cóng lái méi yǒu nòng diū guò tā men nà xiē jiāng jian guǒ mái
他们从来没有弄丢过它们！那些将坚果埋
zài dì lǐ de sōng shǔ tā men wǎng wǎng huì diū shī yí dà bàn jiān
在地里的松鼠，他们往往会丢失一大半坚
guǒ yīn wèi tā men zǒng shì wàng jì zì jǐ jiāng tā men mái zài shén
果，因为他们总是忘记自己将它们埋在什
me dì fang le
么地方了。

zài zhè ge shù lín lǐ yǒu yì zhī zuì jiàn wàng de xiǎo sōng
在这个树林里，有一只最健忘的小松
shǔ tā de míng zi jiào zuò yín wěi ba měi dāng dào le wā jiān guǒ
鼠，他的名字叫做银尾巴。每当到了挖坚果
de shí hou tā jiù huì jì bù qǐ zì jǐ bǎ jiān guǒ mái cáng dào
的时候，他就会记不起自己把坚果埋藏到
shén me dì fang le rán hòu tā jiù dào chù wā a wā a wǎng
什么地方了，然后他就到处挖啊、挖啊，往
wǎng huì wā dào qí tā sōng shǔ mái cáng de jiān guǒ jié guǒ jiù huì
往会挖到其他松鼠埋藏的坚果，结果就会
bào fā yì chǎng zhàn dǒu nà me qí tā sōng shǔ yě kāi shǐ dào
爆发一场战斗。那么，其他松鼠也开始到
chù wā a wā a zuì hòu zhěng gè shù lín dōu huì luàn
处挖啊、挖啊——最后，整个树林都会乱

chéng yì tuán
成一团。

bú xìng de shì zhè shí fēi lái yì qún xiǎo niǎo tā men zài
不幸的是，这时飞来一群小鸟，他们在
guàn mù cóng zhōng fēi lái fēi qù xún zhǎo zhe lǜ máo chóng hé zhī
灌木丛中飞来飞去，寻找着绿毛虫和蜘
zhū yǒu jǐ zhǒng xiǎo niǎo tā men huì jī jī zhā zhā de chàng
蛛。有几种小鸟，他们会“叽叽喳喳”地唱
gè zhǒng bù tóng de gē
各种不同的歌。

dì yī zhī chàng dào shéi cáng qǐ le wǒ de jiān guǒ shéi
第一只唱道：“谁藏起了我的坚果？谁
wā zǒu le wǒ de jiān guǒ
挖走了我的坚果？”

lìng yì zhī
另一只
chàng dào yí kuài
唱道：“一块
xiǎo miàn bāo kě
小面包，可
shì méi gān lào yí
是没干酪！一
kuài xiǎo miàn bāo
块小面包，
kě shì méi gān
可是没干
lào
酪！”

sōng shǔ men hào qí de gēn zài xiǎo niǎo hòu mian zǐ xì tīng
松鼠们好奇地跟在小鸟后面，仔细听
zhe tā men zài chàng shén me dì yī zhī xiǎo niǎo fēi jìn le guàn mù
着他们在唱什么。第一只小鸟飞进了灌木
cóng tí mǐ hé gǔ dì tí pǔ tuō sī zhèng zài nà lǐ mò mò de
丛，提米和古蒂·提普托斯正在那里默默地
kǔn zā zhuāng jiān guǒ de kǒu dai zhè shí xiǎo niǎo chàng le qǐ lái
捆扎装坚果的口袋。这时，小鸟唱了起来：
shéi cáng qǐ le wǒ de jiān guǒ shéi wā zǒu le wǒ de jiān guǒ
“谁藏起了我的坚果？谁挖走了我的坚果？”

tí mǐ tí pǔ tuō sī jì xù zā zhe kǒu dai méi yǒu lǐ
提米·提普托斯继续扎着口袋，没有理
huì tā dāng rán xiǎo niǎo yě méi yǒu qī wàng dé dào huí dá tā
会他。当然，小鸟也没有期望得到回答，他
men zhǐ shì chàng zhe zì rán de gē ér nà xiē gē cí méi yǒu rèn
们只是唱着自然的歌，而那些歌词没有任
hé yì si
何意思。

kě shì qí tā de xiǎo sōng shǔ tīng le zhè xiē gē lì kè
可是，其他的小松鼠听了这些歌，立刻
chōng xiàng tí mǐ tí pǔ tuō sī tā men zhuā zhù tā yòu dǎ yòu
冲向提米·提普托斯，他们抓住他又打又
náo hái tuī fān le tā nà ge zhuāng jiān guǒ de kǒu dai nà zhī tiān
挠，还推翻了他那个装坚果的口袋。那只天
zhēn de xiǎo niǎo kàn dào zì jǐ chuǎng le huò xià de gǎn kuài fēi zǒu
真的小鸟看到自己闯了祸，吓得赶快飞走
le
了！

tí mǐ tí pǔ tuō sī dǎ le gè gǔn er zhuǎn shēn biàn
提米·提普托斯打了个滚儿，转身便
xiàng tā de xiǎo wū pǎo qù zài tā de shēn hòu jǐn jǐn gēn suí zhe
向他的小屋跑去。在他的身后，紧紧跟随着
yì qún xiǎo sōng shǔ tā men bù tíng de dà hǎn zhe shéi wā zǒu
一群小松鼠，他们不停地大喊着："谁挖走
le wǒ de jiān guǒ
了我的坚果？"

xiǎo sōng shǔ men zhuō zhù le tí mǐ tā men bǎ tí mǐ tuō
小松鼠们捉住了提米。他们把提米拖
shàng nà gè yǒu zhe yí ge xiǎo yuán dòng de dà shù rán hòu bǎ tā
上那个有着一个小圆洞的大树，然后把他
tuī jìn le shù dòng duì yú pàng pàng de tí mǐ tí pǔ tuō sī lái
推进了树洞。对于胖胖的提米·提普托斯来
shuō zhè ge shù dòng shí zài tài xiǎo le xiǎo sōng shǔ men nà yàng
说，这个树洞实在太小了。小松鼠们那样
yòng lì yā tā jìng rán méi yǒu zhé duàn tā de lèi gǔ jiǎn zhí shì
用力压他，竟然没有折断他的肋骨，简直是

gè qí jì
个奇迹！

wǒ men yào bǎ tā diū zài zhè er zhí dào tā rèn cuò wéi
“我们要把他丢在这儿，直到他认错为

zhǐ xiǎo sōng shǔ yín wěi ba shuō rán hòu tā yòu duì zhe shù dòng
止。”小松鼠银尾巴说，然后他又对着树洞

dà hǎn le yì shēng shéi wā zǒu le wǒ de jiān
大喊了一声：“谁—挖—走了—我的—坚

guǒ
果？”

tí mǐ tí pǔ tuō sī méi yǒu huí dá tā diē jìn shù dòng
提米·提普托斯没有回答。他跌进树洞，
luò zài tā zì jǐ shōu cáng de bàn dòng jiān guǒ shàng tā hūn le guò
落在他自己收藏的半洞坚果上。他昏了过
qù tǎng zài nà lǐ yí dòng yě bú dòng
去，躺在那里一动也不动。

gǔ dì tí pǔ tuō sī jiǎn qǐ zhuāng jiān guǒ de kǒu dai
古蒂·提普托斯捡起装坚果的口袋，
màn màn zǒu huí jiā tā wèi tí mǐ tí pǔ tuō sī qī le yì bēi
慢慢走回家。她为提米·提普托斯沏了一杯
chá kě shì tā méi yǒu huí lái yì zhí dōu méi yǒu huí lái
茶，可是他没有回来，一直都没有回来。

gǔ dì tí pǔ tuō sī dù guò le yí gè gū dú ér yòu
古蒂·提普托斯度过了一个孤独而又
shāng xīn de yè wǎn dì èr tiān zǎo chén tā mào xiǎn fǎn huí guàn
伤心的夜晚。第二天早晨，她冒险返回灌
mù cóng xún zhǎo tí mǐ kě shì nà xiē wú qíng de xiǎo sōng shǔ bǎ
木丛寻找提米，可是那些无情的小松鼠把
tā gǎn zǒu le
她赶走了。

tā xún biàn le zhěng gè shù lín bù tíng de hǎn zhe tí
她寻遍了整个树林，不停地喊着：“提
mǐ tí pǔ tuō sī tí mǐ tí pǔ tuō sī ò nǐ zài nǎ er
米·提普托斯！提米·提普托斯！哦，你在哪儿
a tí mǐ tí pǔ tuō sī
啊，提米·提普托斯？”

tí mǐ tí pǔ tuō sī xǐng le guò lái tā fā xiàn zì jǐ
提米·提普托斯醒了过来。他发现自己
tǎng zài yì zhāng xiǎo qīng tái chuáng shang quán shēn téng tòng sì
躺在一张小青苔床上，全身疼痛；四
zhōu qī hēi yí piàn kàn qǐ lái hǎo xiàng shì zài dì dǐ xià tí mǐ
周漆黑一片，看起来好像是在地底下。提米
ké sou zhe shēn yín zhe yīn wèi tā de lèi gǔ shòu le shāng
咳嗽着，呻吟着，因为他的肋骨受了伤。

zhè shí tā tīng dào yí gè kuài huo de shēng yīn rán hòu yì
这时，他听到一个快活的声音，然后一
zhī shēn shàng dài yǒu bān wén de xiǎo huā lì shǔ jǔ zhe yì zhǎn dēng
只身上带有斑纹的小花栗鼠举着一盏灯
chū xiàn zài tā miàn qián wèn tā gǎn jué hǎo xiē le méi yǒu
出现在他面前，问他感觉好些了没有？

xiǎo huā lì shǔ
小花栗鼠
duì tí mǐ tí pǔ tuō
对提米·提普托
sī jí wéi hé shàn
斯极为和善，
tā jiè gěi tí mǐ yì
他借给提米一
dǐng shuì mào lìng wài
顶睡帽。另外，
bǎ zhè ge shù dòng lǐ
把这个树洞里
zhuāng mǎn le shí wù
装满了食物。

huā lì shǔ gào su tí mǐ jiān guǒ yǔ cóng shù shàng de
花栗鼠告诉提米，“坚果雨”从树上的
dòng kǒu luò xià lái lìng wài wǒ hái zhǎo dào yì xiē mái zài
洞口落下来——“另外，我还找到一些埋在
dì lǐ de jiān guǒ
地里的坚果！”

huā lì shǔ tīng le tí mǐ de gù shi yì zhí zài xiào ge méi
花栗鼠听了提米的故事，一直在笑个没
wán méi liǎo dāng tí mǐ tǎng zài chuáng shàng yǎng bìng de shí hou
完没了。当提米躺在床上养病的时候，

huā lì shǔ yì zhí quàn tā duō chī yì diǎn kě shì rú guǒ wǒ
花栗鼠一直劝他多吃一点。“可是，如果我
shòu bú xià lái zěn me néng cóng zhè ge shù dòng pá chū qù ne
瘦不下来，怎么能从这个树洞爬出去呢？
wǒ qī zǐ huì dān xīn de
我妻子会担心的！”

zài chī yí gè huò zhě liǎng gè jiān guǒ ràng wǒ lái
“再吃一个——或者两个坚果，让我来
wèi nǐ qiāo kāi tā huā lì shǔ shuō
为你敲开它。”花栗鼠说。

jiù zhè yàng tí mǐ tí pǔ tuō sī biàn de yuè lái yuè pàng
就这样，提米·提普托斯变得越来越胖
le
了。

xiàn zài gǔ dì tí pǔ tuō sī zhǐ néng zì jǐ chóng xīn kāi
现在，古蒂·提普托斯只能自己重新开
shǐ gōng zuò le tā bú zài jiāng jiān guǒ chǔ cáng zài zhuó mù niǎo de
始工作了。她不再将坚果储藏在啄木鸟的
shù dòng lǐ yīn wèi tā yì zhí huái yí zài yě bù néng bǎ tā men
树洞里，因为她一直怀疑再也不能把它们
ná chū lái tā bǎ jiān guǒ cáng jìn yí gè dà shù gēn lǐ kě shì
拿出来。她把坚果藏进一个大树根里，可是
tā men gǔn a gǔn a yì zhí gǔn le xià qù yǒu yí cì dāng
它们滚啊，滚啊，一直滚了下去。有一次，当

gǔ dì dào kōng yí dà kǒu dai jiān guǒ shí tā tīng dào yì shēng qīng
古蒂倒空一大口袋坚果时，她听到一声清
xī de jiān jiào dì èr cì gǔ dì yòu dài huí le mǎn mǎn yì kǒu
晰的尖叫。第二次，古蒂又带回了满满一口
dai jiān guǒ zhè shí yì zhī shēn shàng yǒu bān wén de xiǎo huā lì shǔ
袋坚果，这时一只身上有斑纹的小花栗鼠
huāng huāng zhāng zhāng de zuān chū le shù gēn
慌慌张张地钻出了树根。

lóu xià yǐ jīng zhuāng mǎn le kè tīng yě mǎn le tā men
“楼下已经装满了！客厅也满了，它们
yǐ jīng gǔn dào zǒu láng lǐ lái le wǒ zhàng fu huā lì shǔ hā qí
已经滚到走廊里来了！我丈夫花栗鼠哈齐
yǐ jīng pǎo zǒu le tā bǎ wǒ dú zì liú zài le zhè lǐ wǒ zhēn
已经跑走了，他把我独自留在了这里。我真
bù míng bai zěn me huì yǒu zhè zhǒng jiān guǒ yǔ ne
不明白，怎么会有这种坚果雨呢！”

wǒ gǎn dào hěn bào qiàn zhēn de wǒ bù zhī dào nǐ zhù
“我感到很抱歉，真的，我不知道你住
zài zhè lǐ gǔ dì tí pǔ tuō sī fū rén shuō kě shì huā
在这里。”古蒂·提普托斯夫人说，“可是，花
lì shǔ hā qí qù nǎ er le wǒ de zhàng fu tí mǐ tí pǔ tuō
栗鼠哈齐去哪儿了？我的丈夫提米·提普托
sī yě táo zǒu le
斯也逃走了。”

wǒ zhī dào hā qí zài nǎ er nà shì yì zhī xiǎo niǎo gào
“我知道哈齐在哪儿，那是一只小鸟告
su wǒ de hā qì fū rén shuō
诉我的。”哈齐夫人说。

hā qí fū rén dài zhe gǔ dì lái dào zhuó mù niǎo de shù dòng
哈齐夫人带着古蒂来到啄木鸟的树洞
qián tā men zhàn zài dòng kǒu zǐ xì tīng zhe
前，她们站在洞口仔细听着。

shù dòng dǐ xià chuán lái jiān guǒ liè kāi de shēng yīn yì zhī
树洞底下传来坚果裂开的声音，一只
pàng sōng shǔ hé yì zhī shòu sōng shǔ yì qǐ chàng qǐ lái
胖松鼠和一只瘦松鼠一起唱起来：

wǒ de xiǎo lǎo tóu hé wǒ chǎo le yí jià
我的小老头和我吵了一架，
wǒ men zěn yàng cái néng hé hǎo a wǒ de xiǎo lǎo tóu
我们怎样才能和好啊，我的小老头？
nǐ kuài gēn wǒ hé hǎo ba
你快跟我和好吧，
nǐ zǒu le nǐ zhè ge xiǎo lǎo tóu
你走了，你这个小老头！

nǐ kě yǐ cóng zhè ge xiǎo yuán dòng zuān jìn qù
“你可以从这个小圆洞钻进去。”
shì de wǒ kě yǐ jìn qù huā lì shǔ shuō kě
“是的，我可以进去，”花栗鼠说，“可
shì wǒ zhàng fu huā lì shǔ hā qí huì yǎo wǒ de
是，我丈夫花栗鼠哈齐会咬我的！”

zhè shí shù dòng xià mian yòu chuán lái yí zhèn jiān guǒ liè kāi
这时，树洞下面又传来一阵坚果裂开
de shēng yīn ér qiě hái yǒu jǔ jué shēng pàng sōng shǔ hé shòu
的声音，而且还有咀嚼声。胖松鼠和瘦
sōng shǔ yòu chàng le qǐ lái
松鼠又唱了起来：

wèi le yōu xián de yì tiān yòu yì tiān
为了悠闲的一天又一天，
yōu xián a bù gāi shòu zé nàn
悠闲啊，不该受责难，
duō me yōu xián de yì tiān yòu yì tiān
多么悠闲的一天又一天！

zhè shí gǔ dì tàn tóu xiàng dòng nèi wàng qù tā duì zhe
这时，古蒂探头向洞内望去，她对着
xià mian hǎn dào tí mǐ tí pǔ tuō sī ò pēi tí mǐ
下面喊道：“提米·提普托斯！哦，呸，提米·
tí pǔ tuō sī
提普托斯！”

tí mǐ tí pǔ tuō sī dá dào shì nǐ ma gǔ dì tí
提米·提普托斯答道：“是你吗，古蒂·提
pǔ tuō sī ò dāng rán shì nǐ
普托斯？哦，当然是你！”

tí mǐ pá dào dòng kǒu xiǎng yào shēn chū tóu lái qīn wěn gǔ
提米爬到洞口，想要伸出头来亲吻古
dì kě shì tā shí zài shì tài pàng le gēn běn chū bù lái
蒂，可是他实在是太胖了，根本出不来！

huā lì shǔ hā qí bìng bù tài pàng kě shì tā bú yuàn yì
花栗鼠哈齐并不太胖，可是他不愿意
chū qù tā dūn zài dòng dǐ gē gē de xiào zhe
出去。他蹲在洞底，“咯咯”地笑着。

liǎng gè xīng qī guò qù le yì tiān yí zhèn dà fēng guā zǒu
两个星期过去了。一天，一阵大风刮走
le dà shù de dǐng shāo yīn cǐ shù dòng bèi dǎ kāi le yǔ shuǐ luò
了大树的顶梢，因此树洞被打开了，雨水落
jìn le shù dòng zhōng
进了树洞中。

tí mǐ tí pǔ tuō sī pá chū shù dòng dǎ zhe yì bǎ sǎn
提米·提普托斯爬出树洞，打着一把伞
huí jiā le
回家了。

kě shì huā lì shǔ hā qí yòu zài shù dòng lǐ lù sù le yí
可是，花栗鼠哈齐又在树洞里露宿了一
gè xīng qī jǐn guǎn tā gǎn dào yì diǎn er dōu bù shū fu
个星期，尽管他感到一点儿都不舒服。

zuì hòu yì zhī dà gǒu xióng zǒu jìn le shù lín tā sì chù
最后，一只大狗熊走进了树林。他四处
xiù zhe huò xǔ tā yě zài xún zhǎo jiān guǒ ne
嗅着，或许他也在寻找坚果呢！

huā lì shǔ hā qi jí máng pǎo huí jiā qù le
花栗鼠哈齐急忙跑回家去了！

huā lì shǔ hā qí huí dào jiā zhōng fā xiàn zì jǐ huàn le
花栗鼠哈齐回到家中，发现自己患了
shāng fēng suǒ yǐ tā jiù gèng bù shū fu le
伤风，所以他就更不舒服了。

xiàn zài tí mǐ hé gǔ dì tí pǔ tuō sī bǎ tā men de
现在，提米和古蒂·提普托斯把他们的
jiān guǒ chǔ cáng shì yòng xiǎo suǒ suǒ le qǐ lái
坚果储藏室用小锁锁了起来。

měi dāng xiǎo niǎo kàn dào nà huā lì shǔ tā jiù huì chàng
每当小鸟看到那花栗鼠，他就会唱

shéi wā zǒu le wǒ de jiān guǒ shéi wā zǒu le wǒ de jiān guǒ
——“谁挖走了我的坚果？谁挖走了我的坚果？”

dàn shì cóng lái méi yǒu rén huí dá tā
但是，从来没有人回答他！

gù shi jiǎng wán le
故事讲完了。

城市鼠詹尼的故事

1918

chéng shì shǔ zhān ní chū shēng zài yí gè wǎn guì lǐ tí mǐ
城市鼠詹尼出生在一个碗柜里。提米
wēi lì chū shēng zài yí gè cài yuán lǐ tí mǐ wēi lì shì yì
·威利出生在一个菜园里。提米·威利是一
zhī xiāng xià xiǎo lǎo shǔ tā jìn chéng shì yīn wéi bù xiǎo xīn pǎo jìn
只乡下小老鼠，他进城是因为不小心跑进
le yì zhī luó kuāng lǐ
了一只箩筐里。

zhè lǐ de cài nóng měi xīng qī dōu yào wèi chéng lǐ rén sòng
这里的菜农每星期都要为城里人送
yí cì shū cài tā men měi cì dōu jiāng shū cài zhuāng rù luó kuāng
一次蔬菜，他们每次都将蔬菜装入箩筐，
qǐng yùn sòng gōng rén sòng jìn chéng qù
请运送工人送进城去。

cài nóng jiāng zhuāng mǎn shū cài de luó kuāng fàng zài cài yuán
菜农将装满蔬菜的箩筐放在菜园
de dà mén kǒu zhè yàng dāng yùn sòng gōng rén jīng guò de shí hòu
的大门口，这样，当运送工人经过的时候，
jiù kě yǐ jiāng nà xiē shū cài dài zǒu le tí mǐ wēi lì cóng yí
就可以将那些蔬菜带走了。提米·威利从一
gè xiǎo dòng zuàn jìn le liǔ tiáo kuāng chī le yì xiē wān dòu zhī
个小洞钻进了柳条筐，吃了一些豌豆之
hòu tí mǐ wēi lì hěn kuài jiù zài nà lǐ shuì zhuó le
后，提米·威利很快就在那里睡着了。

dāng liǔ tiáo kuāng bèi tí jìn yùn huò mǎ chē de shí hou tí
当柳条筐被提进运货马车的时候，提
mǐ wēi lì měng de jīng xǐng guò lái zhè shí mǎ chē yí zhèn suí
米·威利猛地惊醒过来。这时，马车一震，随
zhe yí zhèn dā dā de mǎ tí shēng xiàng qián zǒu qù hòu lái
着一阵“哒哒”的马蹄声向前走去。后来，
mǎ chē lǐ yòu zhuāng jìn le yì xiē bāo guǒ rán hòu yáo yáo huǎng
马车里又装进了一些包裹，然后摇摇晃
huǎng de zǒu le yí duàn yòu yí duàn tí mǐ wēi lì cáng zài gè
晃地走了一段又一段！提米·威利藏在各
zhǒng gè yàng de shū cài zhōng jiān xià de quán shēn fā dǒu
种各样的蔬菜中间，吓得全身发抖。

zuì hòu mǎ chē zài yí zuò fáng zi qián miàn tíng xià lái zài
最后，马车在一座房子前面停下来。在
zhè lǐ liǔ tiáo kuāng bèi tái xià mǎ chē sòng jìn wū zǐ rán hòu
这里，柳条筐被抬下马车，送进屋子，然后
fàng dào le dì shàng fáng zi lǐ de chú zi fù gěi bān yùn gōng rén
放到了地上。房子里的厨子付给搬运工人
liù gè biàn shì hòu jiù pēng de yì shēng guān shàng le mén
六个便士后，就“砰”地一声关上了门，
mǎ chē zài yí zhèn lóng lóng shēng zhōng jiàn jiàn yuǎn qù
马车在一阵“隆隆”声中渐渐远去。

kě shì zhè zuò fáng zi lǐ bìng bù ān jìng hǎo xiàng yǒu jǐ
可是，这座房子里并不安静，好像有几
bǎi liàng mǎ chē zài zǒu lái zǒu qù gǒu wāng wāng de jiào zhe
百辆马车在走来走去。狗“汪汪”地叫着，
jiē shàng chuán lái nán hái zi men de kǒu shào shēng chú zi zài dà
街上传来男孩子们的口哨声，厨子在大
xiào nǚ pú zài lóu tī shàng pǎo shàng pǎo xià hái yǒu yì zhī jīn
笑，女仆在楼梯上跑上跑下，还有一只金
sī què xiàng zhēng qì jī yí yàng chàng zhe gē
丝雀像蒸汽机一样唱着歌。

tí mǐ wēi lì cóng chū shēng dào xiàn zài yì zhí zhù zài cài
提米·威利从出生到现在一直住在菜
yuán lǐ tā jī hū dōu yào bèi xià sǐ le bù yí huì er
园里，他几乎都要被吓死了。不一会儿，
chú zi dǎ kāi le liǔ tiáo kuāng kāi shǐ jiāng shū cài yī yī ná chū lái
厨子打开了柳条筐，开始将蔬菜一一拿出来。

yú shì jīng
于是，惊
huāng shī cuò de tí
慌失措的提
mǐ wēi lì měng
米·威利猛
de chōng chū le luó
地冲出了箩
kuāng
筐。

chú zi tiào
厨子跳
shàng yì bǎ yǐ
上一把椅
zi jīng jiào zhe
子，惊叫着：“
yì zhī lǎo shǔ yì
一只老鼠！一
zhī lǎo shǔ kuài jiào māo lái kuài ná wǒ de bō huǒ bàng lái shā
只老鼠！快叫猫来！快拿我的拨火棒来，莎
lā tí mǐ wēi lì bìng méi yǒu děng shā lā ná lái bō huǒ bàng
拉！”提米·威利并没有等莎拉拿来拨火棒，
tā huāng huāng zhāng zhāng de yán zhe qiáng bì de bì jiǎo bǎn yì liū
他慌慌张张地沿着墙壁的壁脚板一溜
yān er de xiàng qián pǎo qù yì zhí pǎo dào yí gè xiǎo dòng gēn qián
烟儿地向前跑去，一直跑到一个小洞跟前，
yì tóu zuān le jìn qù
一头钻了进去。

tí mǐ wēi lì diē xià qù zú yǒu bàn yīng chǐ zhèng hǎo luò
提米·威利跌下去足有半英尺，正好落
zài yì qún zhèng zài jǔ bàn wǎn yàn de lǎo shǔ zhōng jiān ér qiě hái
在一群正在举办晚宴的老鼠中间，而且还
dǎ pò le sān zhī bō lí bēi
打破了三只玻璃杯。

zhè dào dǐ shì shéi ya chéng shì shǔ zhān ní wèn dào
“这到底是谁呀？”城市鼠詹尼问道。
bú guò zài zuì chū de yì shēng jīng jiào zhī hòu tā lì kè huī fù
不过，在最初的一声惊叫之后，他立刻恢复
le wén zhì bīn bīn de yàng zi
了文质彬彬的样子。

zhān ní yǐ fēi cháng yōu yǎ de zī tài jiāng lìng wài jiǔ zhī
詹尼以非常优雅的姿态，将另外九只
jì zhe bái lǐng dài de cháng wěi ba shǔ zhú yī jiè shào gěi tí mǐ
系着白领带的长尾巴鼠，逐一介绍给提米·
wēi lì tí mǐ wēi lì de wěi ba hěn bù qǐ yǎn chéng lǐ shǔ
威利。提米·威利的尾巴很不起眼，城里鼠
zhān ní hé tā de péng yǒu men dōu zhù yì dào le zhè yì diǎn bú
詹尼和他的朋友们都注意到了这一点，不
guò tā men fēi cháng yǒu jiào yǎng suǒ yǐ gēn běn bú huì duì kè rén
过他们非常有教养，所以根本不会对客人
píng tóu lùn zú tā men dāng zhōng zhǐ yǒu yí wèi wèn le yí xià tí
评头论足。他们当中只有一位问了一下提
mǐ wēi lì shì bu shì céng jīng bèi bǔ shǔ qì jiā guò
米·威利是不是曾经被捕鼠器夹过。

晚宴共有八道菜。虽然也没有什么新奇的东西，可是一切都是那么高雅。所有的菜提米·威利都没有见过，因此在品尝它们的时候他确实有点儿担心。可是，他已经很饿了，又很想表现得彬彬有礼，所以只好勉强吃下去。楼上接连不断地传来的噪音使他极为不安，以至于将一只盘子摔到了地上。

“不用担心，那些声音和我们没有关系。”詹尼说。

wèi shén me nà
“为什么那
xiē xiǎo dōng xi hái méi
些小东西还没
yǒu bǎ fàn hòu tián diǎn
有把饭后甜点
sòng guò lái ne
送过来呢？”

zhè lǐ xū yào
这里需要
shuō míng yí xià yǒu
说明一下，有
liǎng zhī nián yòu de xiǎo
两只年幼的小
lǎo shǔ shì fù zé fú
老鼠是负责服
shì qí tā lǎo shǔ de
侍其他老鼠的。

tā men zài shàng cài qī jiān bù shí de pǎo dào lóu shàng de chú fáng
他们在上菜期间，不时地跑到楼上的厨房
qù dǎ nào yí huì er yǒu jǐ cì tā men diē diē zhuàng zhuàng de
去打闹一会儿。有几次，他们跌跌撞撞地
pǎo jìn lái yòu shì jiān jiào yòu shì dà xiào hòu lái tí mǐ wēi
跑进来，又是尖叫又是大笑。后来，提米·威
lì cái jīng kǒng de míng bái guò lái yuán lái tā men shì zài bèi māo
利才惊恐地明白过来，原来他们是在被猫
zhuī gǎn a
追赶啊！

tí mǐ wēi lì zài yě chī bú xià qù le tā gǎn jué zì
提米·威利再也吃不下去了，他感觉自
jǐ kuài yào yūn guò qù le
己快要晕过去了。

lái cháng yì diǎn er guǒ dòng ma chéng shì shǔ zhān ní
“来尝一点儿果冻吗？”城市鼠詹尼
wèn
问。

bù xiǎng chī nán dào nǐ xiǎng shàng chuáng xiū xī yí huì
“不想吃？难道你想上床休息一会
er hǎo le wǒ dài nǐ qù yí gè zuì shū fu de shā fā kào diàn
儿？好了，我带你去一个最舒服的沙发靠垫
nà lǐ shuì
那里睡。”

沙发靠垫上有一个小洞。城市鼠詹尼非常真诚地告诉提米·威利，那是最好的床了，是专门为客人准备的。可是，沙发上散发着一股猫的气味，所以提米·威利更愿意在壁炉的护栏下度过这个痛苦的夜晚。

第二天，一切都和前一天没什么不同。早餐非常丰盛——按照城市鼠的习惯，他们通常吃熏肉，可是提米·威利却习惯了吃菜根和沙拉。城市鼠詹尼和他的朋友们在地板下四处游荡着，到了傍晚就大胆地跑出去，在整座房子里窜来窜去。

shā lā duān zhe chá pán xià lóu de shí hou diē le yì jiāo pán
莎拉端着茶盘下楼的时候跌了一跤，盘
zi luò zài dì bǎn shàng fā chū tè bié xiǎng liàng de suì liè shēng
子落在地板上发出特别响亮的碎裂声。
jǐn guǎn māo yě zài nà lǐ lǎo shǔ men hái shì qiǎng dào le yì xiē
尽管猫也在那里，老鼠们还是抢到了一些
miàn bāo xiè táng hé guǒ jiàng
面包屑、糖和果酱。

tí mǐ wēi lì fēi cháng xī wàng néng huí dào ān jìng de jiā
提米·威利非常希望能回到安静的家
zhōng nà shì zài yí gè yáng guāng chōng zú de dī àn shàng tā
中，那是在一个阳光充足的堤岸上。他
hěn bù xí guàn chéng lǐ de shí wù ér qiě gè zhǒng zào yīn shǐ tā
很不习惯城里的食物，而且各种噪音使他
wú fǎ rù shuì méi yǒu jǐ tiān tā jiù biàn de fēi cháng xiāo shòu
无法入睡。没有几天，他就变得非常消瘦。
chéng shì shǔ zhān ní zhù yì dào le zhè yì diǎn xún wèn qí zhōng
城市鼠詹尼注意到了这一点，询问其中
de yuán yīn yú shì tí mǐ wēi lì xiàng tā jiǎng shù le zì jǐ de
的原因，于是提米·威利向他讲述了自己的
jīng lì ér qiě hái gào sù le tā hěn duō yǒu guān cài yuán de qíng
经历，而且还告诉了他很多有关菜园的情
kuàng
况。

tīng qǐ lái zěn me xiàng shì yí gè xiāng dāng wú liáo de dì
“听起来怎么像是一个相当无聊的地
fāng ne nà me xià yǔ tiān nǐ men zuò shén me
方呢？那么，下雨天你们做什么？”

xià yǔ de shí hou wǒ huì zuò zài wǒ de xiǎo shā dòng lǐ
“下雨的时候，我会坐在我的小沙洞里
bō wǒ zài qiū tiān chǔ cáng de yù mǐ hé zhǒng zi zài wǒ de shā
剥我在秋天储藏的玉米和种子。在我的沙
dòng kǒu kě yǐ kàn dào cǎo dì shàng de huà méi hé bā gē hái yǒu
洞口，可以看到草地上的画眉和八哥，还有
wǒ de péng yǒu zhī gēng niǎo kǎo kè dāng tài yáng chū lái de shí
我的朋友知更鸟考克。当太阳出来的时
hou nǐ yīng gāi qù xīn shǎng yí xià wǒ de huā yuán hé nà xiē huā
候，你应该去欣赏一下我的花园和那些花
méi guī shí zhú huā sān sè zǐ luó lán chú le xiǎo
——玫瑰、石竹花、三色紫罗兰——除了小
niǎo mì fēng hé xiǎo
鸟、蜜蜂和小
yáng zài mù chǎng
羊在牧场
shàng de jiào shēng
上的叫声，
nà lǐ méi yǒu rèn
那里没有任
hé zào yīn
何噪音。”

māo yòu lái le hū rán chéng shì shǔ zhān ní jīng jiào
“猫又来了！”忽然，城市鼠詹尼惊叫
qǐ lái
起来。

děng tā men duǒ jìn méi jiào zhān ní shuō wǒ chéng rèn
等他们躲进煤窖，詹尼说：“我承认
wǒ yǒu xiē shī wàng wǒ men běn xiǎng jìn lì ràng nǐ gāo xìng de
我有些失望，我们本想尽力让你高兴的，
tí mǐ wēi lì
提米·威利。”

ò shì de shì de nǐ men zhēn shì tài hǎo xīn le
“哦，是的，是的，你们真是太好心了，
kě shì wǒ hái shì gǎn dào hěn bù shū fu tí mǐ wēi lì shuō
可是我还是感到很不舒服。”提米·威利说。

dà gài nǐ de yá chǐ hé xiāo huà xì tǒng hái bù xí guàn
“大概你的牙齿和消化系统还不习惯
wǒ men zhè lǐ de yǐn shí yě xǔ duì yú nǐ lái shuō duǒ huí luó
我们这里的饮食。也许对于你来说，躲回箩
kuāng lǐ cái shì gèng míng zhì de xuǎn zé
筐里才是更明智的选择。”

á ò tí mǐ wēi lì dà jiào qǐ lái
“啊？哦！”提米·威利大叫起来。

dāng rán wǒ men yīng gāi shàng gè xīng qī jiù bǎ nǐ sòng
“当然，我们应该上个星期就把你送
huí qù zhān ní yǒu xiē bù gāo xìng de shuō nán dào nǐ bù zhī
回去，”詹尼有些不高兴地说，“难道你不知
dào měi gè zhōu liù jiù huì bǎ nà xiē kōng luó kuāng sòng huí xiāng
道，每个周六就会把那些空箩筐送回乡
xià qù ma
下去吗？”

yú shì tí mǐ wēi lì gào bié le tā de xīn péng yǒu dài
于是，提米·威利告别了他的新朋友，带
zhe yì xiǎo kuài suì miàn bāo hé yí piàn gān biě de gān lán yè zài
着一小块碎面包和一片干瘪的甘蓝叶，再
cì duǒ jìn le luó kuāng lǐ zài jīng guò yí lù diān bǒ zhī hòu tā
次躲进了箩筐里。在经过一路颠簸之后，他
zhōng yú ān quán de huí dào le tā de cài yuán
终于安全地回到了他的菜园。

yǒu shí hòu dào le xīng qī liù tí mǐ wēi lì huì zǒu dào
有时候，到了星期六，提米·威利会走到
dà mén kǒu kàn kàn nà lǐ de luó kuāng kě shì tā zhī dào zuì hǎo
大门口看看那里的箩筐，可是他知道最好
bú yào zài tiào jìn qù suī rán chéng shì shǔ zhān ní sì hū dā yìng
不要再跳进去。虽然城市鼠詹尼似乎答应
le yào lái kàn tā kě shì zhí dào xiàn zài yě méi jiàn yǒu rén cóng luó
了要来看他，可是直到现在也没见有人从箩
kuāng lǐ chū lái
筐里出来。

dōng tiān guò qù le yáng guāng yòu sǎ mǎn le cài yuán tí
冬天过去了，阳光又洒满了菜园。提
mǐ wēi lì zuò zài tā de dòng kǒu páng yì biān liàng shài zhe tā
米·威利坐在他的洞口旁，一边晾晒着他
de xiǎo pí wài tào yì biān hū xī zhe zǐ luó lán hé chūn cǎo de qì
的小皮外套，一边呼吸着紫罗兰和春草的气
xī tā jī hū yǐ jīng wàng jì le tā céng jīng qù guò yí cì chéng
息。他几乎已经忘记了他曾经去过一次城
lǐ
里。

zhè shí shā
这时，沙
lù shàng zǒu lái le
路上走来了
chéng shì shǔ zhān
城市鼠詹
ní tā chuān zhe
尼，他穿着
yì shēn zhǎn xīn de
一身崭新的
yī fu līn zhuó yì
衣服，拎着一
kǒu zōng sè de pí
口棕色的皮
xiāng
箱！

tí mǐ wēi lì zhāng kāi shuāng bì yōng bào le tā
提米·威利张开双臂拥抱了他。

nǐ lái de zhèng shì shí hou xiàn zài zhèng shì yì nián lǐ
“你来得正是时候，现在正是一年里
zuì hǎo de jì jié wǒ men kě yǐ pǐn cháng xiāng cǎo bù dīng hái
最好的季节，我们可以品尝香草布丁，还
kě yǐ zuò xià lái shài tài yáng
可以坐下来晒太阳。”

èn ò zhè lǐ yǒu xiē cháo shī chéng shì shǔ zhān ní
“嗯！哦！这里有些潮湿。”城市鼠詹尼
yì biān shuō zhe yì biān bǎ tā de wěi ba jiā dào le yè xià miǎn
一边说着，一边把他的尾巴夹到了腋下，免
de zhān dào dì shàng de ní tǔ
得沾到地上的泥土。

zhè kě pà de shēng yīn shì shén me zhān ní měng de
“这可怕的声音是什么？”詹尼猛地
tiào qǐ lái wèn dào
跳起来，问道。

shēng yīn tí mǐ wēi lì huí dá nà zhǐ bú guò shì
“声音？”提米·威利回答，“那只不过是
yì tóu mǔ niú zài jiào wǒ hái yào qù xiàng tā yào yì diǎn er niú
一头母牛在叫。我还要去向她要一点儿牛
nǎi ne tā men gēn běn bú huì shāng hài nǐ chú fēi tā men tǎng
奶呢，他们根本不会伤害你，除非他们躺
xià qù de shí hou zhèng hǎo yā zài nǐ de shēn shàng wǒ men nà xiē
下去的时候正好压在你的身上。我们那些
peng yǒu guò dé dōu hǎo ma
朋友过得都好吗？”

zhān ní rèn wéi
詹尼认为，
dà jiā hái néng miǎn qiǎng
大家还能勉强
guò rì zi rán hòu
过日子。然后，
tā jiě shì le tā wèi
他解释了他为
shén me huì zài zhè me
什么会在这么
zǎo de jì jié lái kàn
早的季节来看
wàng tí mǐ wēi lì
望提米·威利。
yuán lái wèi le qìng zhù
原来，为了庆祝
fù huó jié zhǔ rén yì jiā qù hǎi bīn dù jià le chú zi yào jìn
复活节，主人一家去海滨度假了；厨子要进
xíng chūn jì dà sǎo chú zhǔ rén tè bié zhǐ shì tā yào chè dǐ qīng chú
行春季大扫除，主人特别指示她要彻底清除
jiā lǐ de lǎo shǔ ér qiě hái gào sù tā kě néng huì yīn cǐ ér
家里的老鼠，而且还告诉她可能会因此而
zhǎng gōng qián
涨工钱。

xiàn zài dà fáng zi lǐ yǒu sì zhī xiǎo māo hé yì zhī dà
现在，大房子里有四只小猫和一只大
māo ér dà māo yǎo sǐ le jīn sī què
猫，而大猫咬死了金丝雀。

tā men shuō nà shì wǒ men gàn de kě shì wǒ bǐ tā men
“他们说那是我们干的，可是我比他们
gèng qīng chǔ shì shéi gàn de chéng shì shǔ zhān ní shuō zhè shì
更清楚是谁干的。”城市鼠詹尼说，“这是
shén me kě pà de chǎo nào shēng
什么可怕的吵闹声？”

nà bú guò shì gē cǎo jī de shēng yīn wǒ hái yào qù qǔ
“那不过是割草机的声音。我还要去取
yì xiē gāng gē xià lái de qīng cǎo gěi nǐ pū yì zhāng chuáng ne
一些刚割下来的青草，给你铺一张床呢。
wǒ rèn wéi nǐ zuì hǎo hái shì bān dào xiāng xià lái zhù zhān ní
我认为你最好还是搬到乡下来住，詹尼！”

èn ò wǒ men dào xià xīng qī èr zài shuō ba
“嗯，哦——我们到下星期二再说吧。
zhǔ rén zài hǎi bīn dù jià de shí hòu shū cài jiù huì tíng zhǐ yùn
主人在海滨度假的时候，蔬菜就会停止运
sòng
送。”

wǒ xiāng xìn nǐ zài yě bù xiǎng huí dào chéng lǐ qù zhù
“我相信，你再也不想回到城里去住
le tí mǐ wēi lì shuō
了。”提米·威利说。

kě shì zhān ní hái shì xiǎng huí qù dāng yùn sòng shū cài
可是，詹尼还是想回去。当运送蔬菜
de luó kuāng xià cì zài lái de shí hou tā jiù fǎn huí chéng lǐ qù
的箩筐下次再来的时候，他就返回城里去
le duì yú tā lái shuō xiāng xià tài ān jìng le yí gè dì fāng
了。对于他来说，乡下太安静了！一个地方
shì hé yí lèi rén lìng yí gè dì fāng yòu shì hé lìng wài yí lèi
适合一类人，另一个地方又适合另外一类
rén duì yú wǒ lái shuō wǒ gèng xǐ huān zhù zài xiāng xià jiù
人。对于我来说，我更喜欢住在乡下，就
xiàng tí mǐ wēi lì yí yàng
像提米·威利一样。

gù shì jiǎng wán le
故事讲完了。